Hofmann **Mit Symbolen intuitiv arbeiten**

INHALT

Edelsteine 51

Geometrische Figuren 110

Blumen 120

Tiere 126

I Ging 144

Körperteile 165

Chinesische Tierkreiszeichen 172

Tierkreiszeichen 179

EINLEITUNG

Wenn sich im alten Griechenland zwei Angehörige oder Freunde trennten, zerbrachen sie eine Tontafel und jeder behielt eine Hälfte. So hatten sie ein Erkennungszeichen, wenn sie sich wieder trafen und die beiden Teile zusammenpaßten. Es war ihr Symbolon (Erkennungszeichen; Zusammengefügtes), das Zeichen ihrer Freundschaft. So stellt das Symbol etwas Sichtbares dar, das aber zusätzlich einen tiefergehenden Sinn aufweist. Es kann auch ein Zeichen (Piktogramm) sein, das für eine Sache oder Handlung steht. Das Symbol hat also eine offensichtliche und eine kulturell vereinbarte Bedeutung. Da jede Kultur ihre eigene Entwicklung hat und von unterschiedlichem Gedankengut geprägt ist, kann sich auch der Inhalt und die Bedeutung eines Symbols je nach Kultur und Zeitalter verändern.

Man unterscheidet zwischen natürlichen Symbolen (Sonne, Mond) und künstlichen Symbolen (Buchstaben, Runen). Während Sie dieses Buch lesen, nehmen Sie Symbole auf, die Buchstaben. Sie sind Ihnen in diesem Fall nur verständlich, wenn Sie die Sprache kennen, in der es verfaßt ist. Aber ein Symbol kann auch Sprachbarrieren überwinden, zum Beispiel als Piktogramm. Wenn ich etwa statt des Wortes HUND einen gezeichneten Hund abbilde, ist dieses Symbol allgemein verständlich. Wenn ich diesen Hund in einen roten Kreis male, der mit zwei roten Balken durchkreuzt ist, weiß jeder, daß Hunde hier unerwünscht sind. Hier handelt es sich um ein sogenanntes Ideogramm, welches einen erweiterten Sinn enthält.

Ein Symbol kann dem Betrachter sofort seine tiefere Bedeutung ins Bewußtsein bringen. Sehen wir zum Beispiel eine weiße Taube, so tauchen meist Gedanken wie Frieden und Reinheit auf – Begriffe, die im Laufe der Zeit mit diesem Tier verbunden wurden und dem Symbol »weiße Taube« so einen Sinngehalt gaben.

Unser heutiges Leben wäre ohne Symbole gar nicht mehr denkbar. Buchstaben, Zahlen, Piktogramme, die den Verkehr regeln und die Computerarbeit erleichtern, sind alltägliche Symbole. Auch Geld ist ein Symbol, das mit einem bestimmten Wert verbunden wird und Informationen (Währung, Menge der Geldeinheiten, Aussteller des Geldes etc.) enthält.

Symbole übermitteln uns gebündelte Informationen und helfen uns dadurch, unser Leben besser zu organisieren und den Informationsaustausch zu beschleunigen.

Symbole können uns auch mystische Bewußtseinsinhalte vermitteln. Indem wir zunächst die äußere Erscheinung und die offensichtliche Botschaft eines Symbols aufnehmen und uns dann immer mehr in das Symbol versenken, können wir seinen mystischen Inhalt ergründen. Wir erkennen außerdem unsere Einstellung zu dem Symbol, und welche Gedanken und Gefühle es in uns wachruft.

Symbole sind Werkzeuge der Intelligenz, die uns bei der geistigen Entwicklung helfen.

Symbole können sehr vielseitig sein. Viele Symbole haben sich im Laufe der Zeit und von Kultur zu Kultur in ihrer Bedeutung gewandelt. Ein sehr bekanntes Beispiel dazu ist die Swastika, das Hakenkreuz. In der Antike ein Zeichen der Kreativität und der Harmonie, wurde es im Nationalsozialismus zum Staatssymbol, verbunden mit Mißbrauch von Macht und unglaublichen Verbrechen.

Es ist also entscheidend, welche Bedeutung wir einem Symbol beimessen und wie vertraut wir mit ihm sind. Wenn wir ein Symbol nicht kennen, so hat es auch keinen Informationsgehalt für uns. Je mehr wir über ein Symbol wissen und je mehr Bedeutung wir ihm geben, desto intensiver wirkt es auch auf unser Bewußtsein und Unterbewußtsein. Wir können dann mit dem Symbol arbeiten und es als Werkzeug für unsere Entwicklung und Zielsetzung verwenden. Symbole können Türen zu den Geheimnissen des Lebens sein.

Natürlich liegt es in der eigenen Verantwortung, welche Bedeutung wir dem Symbol geben.

Visuelle Symbole übermitteln Botschaften und Ideen ohne Worte. Sogar Tiere können Symbole deuten und verstehen, die sie einmal gelernt haben. Versuche mit Affen haben gezeigt, daß man sich mit ihnen in einer Symbolsprache verständigen kann. Dabei verbinden die Affen die Symbole kreativ, um neue Begriffe auszudrücken.

Man kann also die Symbole verwenden, um Ideen, Handlungen, Warnungen oder andere Informationen knapp und doch umfassend darzustellen, so daß sie schnell visuell aufgefaßt und verstanden werden können.

Man kann Symbole auch für die eigene Entfaltung nutzen, indem man sie als Talisman verwendet. Über die Anwendung der Symbole als Schmuck oder als Talisman lesen Sie mehr in den entsprechenden Kapiteln.

Ich wünsche Ihnen viel Freude und neue Erkenntnisse auf diesem vielseitigen Gebiet.

GÖTTERSYMBOLE

MUTTER ERDE

Viele Kulturen betrachteten die Erde als weibliche Gottheit. Aus der Erde entsteht das Leben, und sie bietet Schutz und Geborgenheit. Sie wird als passiv, weiblich und fruchtbar gedeutet.

Die weibliche Erdgöttin hat je nach Kultur verschiedene Namen:

☐ Coatlique (Azteken)
☐ Mari (Basken)
☐ Gaia oder Demeter (Griechen)
☐ Venus (verschiedene Kulturen)

Die Erde hilft,

☐ standfester zu werden,
☐ Kreativität zu entfalten,
☐ mehr Lebensfreude zu entwickeln,
☐ Körper, Geist und Seele in Einklang zu bringen und
☐ unseren Körper zu lieben und für seine Gesundheit zu sorgen.

Verwendung im Schmuck: Die Symbolfigur der Göttin mit den erhobenen Armen verbunden mit einem schwarzen, braunen oder roten Edelstein.

VENUS ♀

Venus (griech. Aphrodite) gilt als die Göttin der Weiblichkeit, des Lebens, der Schönheit, Liebe und Sexualität. Ihr Symbol steht daher für das weibliche Geschlecht generell. In der Alchemie steht ihr Zeichen für Kupfer, da dieses Metall der Venus geweiht war (siehe auch unter Metalle: Kupfer). Der nach der Göttin benannte Planet ist als Morgen- und Abendstern bekannt.

Venus lehrt uns,

☐ unseren Körper und das Leben zu lieben,
☐ Sexualität als Ausdrucksform unserer Seele zu erkennen,
☐ unsere weiblichen Aspekte mehr zu leben und
☐ unsere Gefühle verstärkt zu erleben.

Verwendung im Schmuck: Kupferhaltige Steine wie Azurit, Chryso-koll, Malachit, Türkis, sowie Rosenquarz, die im Kreis des Venus-symbols in Kupfer gefaßt sind.

OM ॐ

Die Meditationssilbe entstand aus den Buchstaben (bzw. Lauten) AUM. Sie wird im Hinduismus, Buddhismus und Dschainismus verwendet. Das Om steht am Anfang religiöser Texte und gilt als die höchste Silbe und als Symbol für:

☐ das Allumfassende,
☐ das Unendliche,
☐ Ruhe,
☐ Frieden,
☐ den Schöpfergeist,
☐ drei Zustände des Menschen: Wachen, Träumen, Tiefschlaf,
☐ Vishnu, Shiva, Brahma,
☐ sowie für andere Dreiheiten (wegen seiner drei Laute).

Verwendung im Schmuck: Das kalligraphische Zeichen als Anhän-ger in Gold oder Silber, eventuell verbunden mit einem Edelstein (Diamant, Saphir, Smaragd, Zitrin), erinnert uns, daß wir mit Gott verbunden und ein Teil seiner Schöpfung sind.

ZAHLEN

Alte Kulturen, wie die Ägypter und Griechen, beschäftigten sich mit der Bedeutung und Kraft der Zahlen. Man ging davon aus, daß jede Zahl einen Sinngehalt, eine Symbolik und eine dementsprechende Ausstrahlung hat. Der griechische Philosoph Pythagoras hielt die Zahlen für die Grundlage der Wirklichkeit. Ursprünglich wurden die Zahlen des hebräischen Alphabets als Grundlage der Zahlenlehre verwendet.

Die Zahlen und ihre Symbolik können als tägliche Hilfe zur Selbsterkenntnis, zur Menschenkenntnis und zur Entschlüsselung von Schicksalstendenzen dienen.

◯ EINS I

Die Eins ist eine ungerade, unteilbare Zahl. Sie ist das Symbol Gottes, der Einheit, des Ursprungs, des Nicht-Polaren und der Individualität. Die Eins enthält nicht die Gliederung und Unterteilung der anderen Zahlen, sie ist sich immer selbst gleich und unveränderlich. In ihr ist noch der Ursprung, die Einheit, die Verbundenheit des Kosmos enthalten.

Der Eins wird der Sonntag, die Sonne und die Farbe Gelb zugeordnet.

Die Eins hilft uns,

☐ in unsere Mitte zu kommen,
☐ selbstbewußter zu werden,
☐ klarer zu werden,
☐ auf den Kern der Dinge zu kommen,
☐ uns mit der Einheit verbunden zu fühlen und
☐ mehr und mehr zu unserer Individualität zu finden.

Schattenseiten der Eins: Aggressivität, Egoismus, Intoleranz, Herrschsucht, Eigensinn.

Verwendung im Schmuck: Die Eins wird als Punkt oder Kreis geometrisch dargestellt. Zur Eins paßt Diamant, Topas, Bernstein, Zitrin oder ein anderer gelber Stein, der zentral gefaßt wird.

— ZWEI ☯

Die Zwei ist die erste Zahl, die im Gegensatz zur Eins (Einheit) eine Mehrheit darstellt. Sie ist die erste wirkliche Zahl. Aus der Zweiheit entsteht die Vielheit. Sie ist die Zahl der Menschen und der Erde.

Die Zwei ist Symbol der Polarität, der Verdoppelung, der Zwietracht, des Gegensatzes und Konflikts; aber auch der Harmonie, des Gleichgewichts (zwei Waagschalen) und des Rechts.

Sie repräsentiert das dualistische Prinzip der Gegenüberstellung von zwei nicht göttlichen, sondern relativen Einheiten wie z. B.

Licht – Schatten
Männlich – Weiblich
Plus – Minus
Yin – Yang
Geist – Materie
Leben – Tod usw.

Die Zweiheit ist aus der Einheit entstanden, aus dem Göttlichen, das sich in der Materie spiegelt und in die Gegensätze zerfällt. Dem Menschen wird durch die Abgrenzung von »Ich« und »Du« das Spiel der Materie ermöglicht. So kann er »innen« und »außen« wahrnehmen und seine Erfahrungen sammeln. Durch das Erkennen, daß die Gegensätze zusammengehören, findet er wieder zurück in die Einheit.

In der Geometrie wird die Zwei als Linie symbolisiert. Sie ist der Punkt (die Einheit), der sich in eine Richtung ausdehnt, um die Polarität zu erfahren.

Der Zwei wird der Montag, der Mond und die Farbe Blau zugeordnet.

Die Zwei lehrt uns,

☐ Gegensätze zu erkennen,

☐ Widersprüche zu tolerieren,

☐ ins Gleichgewicht zu kommen,

☐ in den Menschen, die uns begegnen, unseren Spiegel zu sehen und

☐ harmonischer zu werden.

Schattenseiten der Zwei: Launenhaftigkeit, Empfindlichkeit, Nervosität, Unentschlossenheit, Schwermut.

Verwendung im Schmuck: Als Kette (Linie), oder zwei Steine in einem Schmuckstück gefaßt. Zum polaren Symbol Zwei passen gut zweifarbige Steine, wie Ametrin, Azurit-Malachit, Chrysokoll, Heliotrop, Rutilquarz, Turmalinquarz oder Zoisit mit Rubin, sowie Steine, die dem Mond zugeordnet sind, wie Mondstein und Perle.

△ DREI ♆

Die Drei ist die Zahl Gottes, der Vereinigung von Gott und Materie (von eins und zwei) und der Vollkommenheit. Sie gilt als heilige Zahl und ist dem Planeten Jupiter zugeordnet.

Aus den Polen der Zwei entsteht durch Zufügung des Göttlichen (der Eins) etwas Neues (die Drei); oder aus der Vereinigung von Mann und Frau das Kind.

Aus der These und der Antithese bildet sich die Synthese. Daher gilt die Drei auch als Sinnbild der Vermittlung. Sie überwindet die Polarität durch Vereinigung der Gegensätze. Im Indischen kennt man die Dreiheit Gottes: Brahma (Schöpfer), Shiva (Zerstörer) und Vishnu (Erhalter); im Ägyptischen Isis, Osiris, Horus und im Christentum die Dreieinigkeit Gottes (Vater, Sohn und Heiliger Geist).

Unsere Welt ist dreidimensional (Länge, Breite und Höhe). Die Zeit besteht aus Vergangenheit, Gegenwart und Zukunft, der Mensch aus Geist, Leib und Seele.

Die Alchemisten kannten die drei Grundprinzipien Schwefel, Salz und Quecksilber, die Christen die Begriffe Glaube, Liebe, Hoffnung.

Im Märchen werden oft drei Prüfungen vom Helden verlangt.

Aus den Grundfarben Rot, Blau und Gelb lassen sich alle Farben mischen.

Wenn etwas dreimal passiert, wird es zum Gesetz. Deshalb erfolgen in der Magie Anrufungen dreimal und Bitten an höhere Wesen werden dreimal ausgesprochen.

Viele Handlungen im täglichen Leben beinhalten die Drei (z. B. dreimaliges Aufschlagen des Hammers bei einer Versteigerung besiegelt den Kauf; drei tägliche Mahlzeiten mit teilweise drei Gängen: Vorspeise, Hauptgericht, Nachspeise).

In der Geometrie symbolisiert das Dreieck die Drei. Außerdem wird der Drei der Donnerstag, der Mars bzw. Jupiter und die Farbe Rot zugeordnet.

Die Drei lehrt uns,

☐ die Polaritäten zu überwinden, indem wir eine neue Dimension erreichen,

☐ durch dreimalige Wiederholung Gedanken und Wünsche zu manifestieren,

☐ nach Vollkommenheit zu streben,

☐ unsere Schatten zu integrieren, um gesund zu werden und

☐ in der Materie unseren Mann zu stehen, um spirituell zu wachsen.

Schattenseiten der Drei: Eitelkeit, Rücksichtslosigkeit, Angeberei, Oberflächlichkeit, Hochmut.

Verwendung im Schmuck: Drei Edelsteine. Dreieck als Schmuckform, eventuell kombiniert mit drei Steinen. Besonders rote (Granat, Silex, Koralle) und violette (Amethyst, Purpurit, Charoit, Sugilit) Steine passen gut zur Drei.

VIER

Die Vier ist die Zahl der Erde. Hier kommt außer den Koordinaten Länge, Breite und Höhe noch die Zeit ins Spiel. Im Schnittpunkt dieses Koordinatenkreuzes legt der Mensch seinen Standort im Kosmos fest. Das geometrische Symbol für die Vier ist das Kreuz und das Viereck.

Die Vier als Zahl des irdischen Universums ordnet das Chaos durch

vier Mondphasen: Neumond – zunehmender Mond – Vollmond – abnehmender Mond

vier Himmelsrichtungen: Nord – Süd – Ost – West
vier Schöpfungen: Mineralien – Pflanzen – Tiere – Menschen
vier Elemente: Feuer – Wasser – Luft – Erde
vier Lebensalter: Kindheit – Jugend – Reife – Alter
vier Temperamente und 4 Evangelien.

Der Vier wird der Sonntag, der Saturn bzw. der Uranus und die Farbe Schwarz zugeordnet.

Durch die Vier können wir lernen,

☐ unseren Standpunkt zu finden,
☐ in unserer Mitte zu ruhen,
☐ Ordnung zu schaffen und
☐ zu halten.

Schattenseiten der Vier: Anarchismus, Eigensinn, Fortschrittsfeindlichkeit, Schwerfälligkeit, übertriebener Ehrgeiz.

Verwendung im Schmuck: Viereckig geschliffene Steine. Das Kreuzzeichen. Vier Steine gefaßt evtl. verbunden mit dem Viereck oder dem Kreuz. Onyx, Rauchquarz, Gagat, Schörl und Saphir passen gut zur Vier.

FÜNF ✪

Die Fünf gilt als Zahl des Planeten Merkur, sowie als Venuszahl.
Sie symbolisiert Gesundheit, Fruchtbarkeit und Liebe. Als Verbindung und Summe der ersten geraden Zahl, der Zwei (weiblich), und der ersten ungeraden Zahl, der Drei (männlich), gilt sie als Sinnbild der Hochzeit und Synthese. Die Eins wird hier nicht als eigentliche Zahl gewertet (s.»Eins«).
Die Fünf findet man in den Blüten der Pflanzen, in den fünf Fingern, den fünf Sinnesorganen, den fünf Büchern Moses und bei den fünf Erzengeln (Gabriel, Michael, Saraphiel, Arrael, Surial).

Beim Kreuz wird außer den vier Endpunkten noch der Mittelpunkt als fünfter gezählt.

Das geometrische Symbol der Fünf ist das Fünfeck (Pentagramm / Druidenfuß). In dieses läßt sich der Körper des Menschen harmonisch einfügen.

Der Fünf wird der Mittwoch, der Merkur und die Farbe Orange zugeordnet.

Die Fünf lehrt,

☐ auf unsere Gesundheit zu achten,

☐ liebevoll mit uns und anderen umzugehen,

☐ unsere Aufgabe mit Hingabe und Harmonie zu erfüllen und

☐ unsere weiblichen und männlichen Aspekte gleichermaßen zu akzeptieren und anzunehmen.

Schattenseiten der Fünf: Reizbarkeit, Jähzorn, Unaufmerksamkeit, Ungeduld, Flatterhaftigkeit.

Verwendung im Schmuck: Das Pentagramm. Fünfeckig geschliffene Steine. Fünf gefaßte Steine. Orange Steine wie Feueropal, Calcit, Karneol und Sonnenstein sowie Diamant passen gut zur Fünf.

SECHS ✡

Die Sechs gilt als Mitte zwischen 2 und 10 und sammelt die drei ersten Zahlen 1 + 2 + 3 als vollkommene Zahl. Sie steht auch für die sechs Schöpfungstage Gottes, die sechs Körperteile (Kopf, Rumpf, je zwei Arme und Beine) und für Harmonie, Vollkommenheit und Vollendung.

Sie entsteht aus 1 + 2 + 3 oder 1 x 2 x 3.

Die geometrische Figur der Sechs ist das Sechseck (Hexagramm, Siegel Salomons). Der Sechs wird außerdem der Freitag, die Venus und die Farbe Rosa zugeordnet.

21

Die Sechs vermittelt

☐ Gewissenhaftigkeit,
☐ Liebe, Erotik,
☐ Mitgefühl, Barmherzigkeit,
☐ Gerechtigkeit, Verständnis, Familiensinn,
☐ Gestaltungskraft, schöpferische Impulse und
☐ Verantwortung.

Schattenseiten der Sechs: Prahlerei, Streitlust, Eifersucht, Trägheit, Sturheit, Abhängigkeit, Verschwendungssucht, Arglist.

Verwendung im Schmuck: Die Sechs läßt sich durch die entsprechende Form (Sechseck und Hexagramm) oder durch sechs verschiedene oder gleiche Farben und/oder Steine ausdrücken. Gerne werden Chrysokoll, Smaragd, Türkis und grüner Turmalin sowie rosa Steine wie Rosenquarz, Rhodochrosit und Rubellit in Verbindung mit der Sechs verwendet.

SIEBEN

Auch die Sieben gilt, wie die Drei, als heilige Zahl und ist unteilbar.
Sie besteht aus der geraden Vier (Welt, Materie) und der ungeraden Drei (Gott). Sie repräsentiert unseren Anteil am Göttlichen. Auch die Pyramide enthält die Sieben, sie besteht aus vier Dreiecken.

Die Sieben findet sich unter anderem in:

☐ den sieben Farben des Regenbogens,
☐ den sieben Energiezentren (Chakras) des Körpers,
☐ den sieben Tönen der Tonleiter,
☐ den sieben Tagen der Woche,
☐ den sieben Weltwundern,
☐ den sieben Tagen einer Mondphase.
☐ In den Märchen tauchen oft sieben Brüder, sieben Geißlein, sieben Raben usw. auf.

Die Sieben ist das Symbol für Analyse, Vollendung, Geisteskraft, Fülle und das Geheimnisvolle.

In der Geometrie findet sich die Sieben als Siebeneck oder siebenstrahliger Stern. Der Sieben ist der Montag, der Neptun und die Farbe Weiß zugeordnet.

Die Sieben regt uns an,

☐ die Geheimnisse des Lebens zu ergründen,
☐ daran zu arbeiten, daß sich unsere Ziele verwirklichen,
☐ Abwechslung und Abenteuer in unser Leben zu bringen,
☐ Intuition und Fülle zu leben und
☐ auf unser Glück zu vertrauen.

Schattenseiten der Sieben: Sarkasmus, Chaos, mangelnder Realitätssinn, Sucht, Verschlossenheit.

Verwendung im Schmuck: Die Sieben kann in sieben verschiedenen Regenbogenfarben (siehe »Regenbogen«, S. 210) dargestellt werden. Sieben Steine, Dreieck + Viereck oder Pyramide (3 + 4) stehen ebenfalls für die Sieben. Opal, Perle, Mondstein, Bergkristall und weißer Topas passen gut zu dieser Zahl.

ACHT ∞

Die Acht gilt als Glückszahl. Man findet sie in den acht Windrichtungen, den acht Speichen des Glücksrades, dem achtbeinigen Schimmel des Gottes Odin (Sleipnir) und in den 8 x 8 = 64 Figuren des I GING.

Die Acht gilt als Symbol des Vollkommenen, der Unendlichkeit, der Stärke, der Neuschöpfung und Auferstehung.

Der achte Tag gilt als Vollendung der alten Woche und gleichzeitig als Anfang der neuen (man sagt »acht Tage«, obwohl die Woche eigentlich nur sieben Tage hat).

Oft sieht man achteckige Taufbecken, die das neue Leben nach der Taufe symbolisieren. Auch die Zaubertrommeln mancher Schamanen sind achteckig.

Die liegende Acht oder Lemiskate gilt als Sinnbild der Ewigkeit, der Unendlichkeit und des Kreislaufs.

Die Acht wird in der Geometrie als Achteck charakterisiert. Das

Achteck ist der Übergang vom Quadrat zum Kreis. Der Acht wird der Samstag, der Pluto bzw. der Saturn und dunkle Tönungen von Grün, Blau, Braun, Purpur sowie Schwarz zugeordnet.

Die Acht regt uns an,

☐ zu unserer wahren Kraft und Stärke zu finden,
☐ unser Leben zu organisieren,
☐ Tapferkeit und Idealismus zu leben,
☐ Leid, Mißgunst und Fanatismus zu überwinden und
☐ Verantwortung zu übernehmen.

Schattenseiten der Acht: Fanatismus, Dominanz, Nüchternheit, Rückzug, Selbstzerstörung.

Verwendung im Schmuck: Achteckig geschliffene Steine. Die Acht als Fassung für zwei Steine. Zur Acht passen schwarze Steine wie Onyx, schwarzer Diamant, schwarze Perle, Hämatit und dunkelblauer Safir.

NEUN

Die Neun enthält die Zahl Drei (3 x 3) und hat einen Bezug zur Dreifaltigkeit Gottes. Es gibt 9 Engelschöre, 9 Musen und die Schwangerschaft dauert 9 Monate. Insofern gilt die Neun als Zahl der Vollendung, obwohl ihr noch die Einheit der Eins fehlt, die dann zur vollkommenen Zahl Zehn führt.

Die Neun ist eine anspruchsvolle Zahl. Die höchste der einstelligen, die alle anderen einstelligen Zahlen beinhaltet. Multipliziert man die Neun mit einer anderen Zahl, läßt sich die Quersumme des Ergebnisses immer auf 9 reduzieren (z. B. 13 x 9 = 117. Quersumme 1 + 1 + 7 = 9). Ihre Substanz bleibt erhalten. Sie weist auf die Verbundenheit mit dem Kosmos, mit der Einheit hin. Man kann ihr gerecht werden, indem man sich mehr der höheren Führung anvertraut und die eigenen Absichten hintanstellt.

Die Neun steht als Symbol für Vollendung, Selbständigkeit, Erfolg, Abwechslung, Offenheit, Weisheit, Glaube.

Die Neun ist dem Dienstag, dem kriegerischen Planeten Mars bzw. dem Jupiter und den Farben Rot und Violett zugeordnet.

Die Neun lehrt uns

☐ Mitgefühl und Optimismus,
☐ Ehrlichkeit und Offenheit,
☐ Kampfbereitschaft und Tapferkeit,
☐ sowie die Dinge aus einer übergeordneten, gerechten Sicht zu sehen,
☐ um dadurch zu mehr Einsicht und Toleranz zu gelangen.

Schattenseiten der Neun: Launenhaftigkeit, Jähzorn, Rechthaberei, Überheblichkeit, Leichtsinn.

Verwendung im Schmuck: 3 x 3 Steine, drei Dreiecke. Als Steine sind Rubin, Granat, Spinell, Lepidolith und Sugilit geeignet.

☉ ZEHN I ○

Die Zehn gilt als vollendete, absolute und vollkommene Zahl. Nach den einstelligen Zahlen bringt sie die Rückkehr zur Einheit (der Eins) auf einer höheren Ebene (den zweistelligen Zahlen). Sie wird als 1 + 0 geschrieben vereint also die Symbole der beiden Zahlen in der nächsthöheren Ebene. Denn die Quersumme von 10 ist 1 (1 + 0).

Die 10 entsteht auch aus der Summe von 1 + 2 + 3 + 4, und aus der doppelten 5 (= römisch V + V) resultiert die römische X, das Andreaskreuz. Man findet die vollkommene Zehn in den zehn Geboten und den zehn Fingern und Zehen.

Geometrisch wird die Zehn durch den Kreis mit einem Mittelpunkt dargestellt. Der Kreis steht für den Kosmos, der im Ursprung zentriert ist, für die Verbundenheit mit der Erde und dem All.

Der Zehn sind, ebenso wie der Eins (Quersumme 1 + 0 = 1), der Sonntag, die Sonne und die Farbe Gelb zugeordnet.

Die Zehn lehrt uns,

☐ höhere Ziele, die nächste Entwicklungsebene zu erreichen,
☐ mit viel Energie neue Projekte anzugehen,
☐ Klarheit, Beherrschung und Selbständigkeit einzusetzen,
☐ sowie die Kreativität fließen zu lassen.

Schattenseiten der Zehn: Besserwisserei, Schwerfälligkeit, Sturheit, Übertreibung.

Verwendung im Schmuck: Zehn Steine aufgebaut wie eine Pyramide, das Andreaskreuz X, ein Kreis mit Mittelpunkt. Gelbe Steine passen gut zur Zehn.

NUMEROLOGIE

Wenn Sie mit Hilfe der Zahlen sich selbst oder andere besser kennenlernen möchten, können Sie folgendes System verwenden:

1. Als Schnellanalyse und ersten Schritt lesen Sie unter dem Tag der Geburt (z. B. geb.: **18**. **3**. 1967 unter 18) nach, welche Charaktereigenschaften und Talente angegeben sind.

2. Beim Geburtsmonat (in unserem Beispiel 18. **3**. 1967 die 3. Bei den Monaten Oktober 10 ist es die Quersumme von $10 = 1+0 = 1$, November $11 = 1+1 = 2$, Dezember $12 = 1+2 = 3$) lesen Sie im nachfolgenden *Zahlenschlüssel* unter der Monatszahl nach, welche verborgenen, inneren Eigenschaften für die zu deutende Person zutreffen.

3. Rechnen Sie nun die Quersumme des Geburtsjahres (Beispiel 18. 3. **1967**, $1967 = 1+9+6+7 = 23 = 2+3 = 5$) aus und lesen Sie im *Zahlenschlüssel* über das Lebensziel nach, also das, was im Leben erreicht werden soll.

4. Mit der Quersumme des gesamten Geburtsdatums (18. 3. 1967 = $1+8+3+1+9+6+7 = 35 = 8$) erhalten Sie die Schicksalszahl, die Auskunft gibt über Charaktereigenschaften und karmische Aufgaben. Im *Zahlenschlüssel* erhalten Sie außerdem Informationen über Beruf, Partnerschaft und Schattenseiten.

Die folgenden Zahlen- und Buchstabentabellen sind dem »Numerologie Schlüssel«, H. Hofmann, Bielefeld, 1994, mit freundlicher Genehmigung des Quick-Essenz Verlags entnommen.

Geburtstagsschlüssel

(= die Eigenschaften und Begabungen, die wir bei der Geburt mitbekommen haben)

1 Entschlossenheit, Mut, Führungstalent, gute Auffassungsgabe, Ideenreichtum, Einzelgänger

2 Gefühlsreichtum, guter Mitarbeiter, friedfertig, taktvoll, leicht verletzbar

3 Menschenfreund, Humor, Redegabe, Vorstellungskraft, Vielseitigkeit, Charme

4 Ordnungsliebe, Zuverlässigkeit, Tatkraft, Sparsamkeit, Zurückhaltung, Eigensinn

5 Intuition, Vielseitigkeit, Redegabe, Ideenreichtum, Reisefreude, Begeisterung

6 Gemeinschaftssinn, Harmonie, Kinderliebe, Idealismus, Charakterstärke, Streitlust

7 Individualist, scharfes u. tiefsinniges Urteilsvermögen, starkes, aber in sich gekehrtes Ego

8 Führungs- und Organisationsgabe, Kreativität, Hilfsbereitschaft, Stärke

9 gutes Denkvermögen, Menschenfreund, gefühlsbetont, großzügig, reisefreudig

10 Einzelgänger, schöpferische Begabung, Furchtlosigkeit, Weltverbesserer, Beschützerinstinkt

11 Inspiration, Anziehungskraft, Führungsgabe, schöpferisch, empfindlich, gefühlsbetont

12 Ausdruckskraft, Logik, Offenheit, Aktivität, Charme, Vielseitigkeit, Opferbereitschaft

13 Planungstalent, Ordnungsliebe, Fleiß, Führungskraft, Häuslichkeit, introvertiert

14 Mitgefühl, Begeisterungsfreude, Wahrheitsliebe, Geschmack, liebt Abwechslung, Suchtgefahr

15 Häuslichkeit, musische Begabung, Opferbereitschaft, Rednergabe, Originalität, Eigensinn

16 Vollkommenheit, Zurückhaltung, reifer Verstand, neigt zu Schwermut, Unruhe, Egoismus

17 Realist, erdverbunden, tat- und überzeugungskräftig, Glück, liebt Abwechslung

18 Hilfsbereitschaft, diskussions- und kritikfreudig, verständnisvoll, reiselustig, tüchtig

19 Gefühlsstärke, Erfolg, Reformer, Vielseitigkeit, Unruhe, Kreativität, Ausdruckskraft

20 Hilfsbereit, friedliebend, Teamgeist, Taktiker, Durchsetzungsvermögen, zärtlich, intuitiv

21 Interessenvielfalt, gefühlsbetont, anregend-guter Unterhalter, Unruhe, Skepsis

22 Intuition, Selbstbewußtsein, Verwirklichung großer Ziele, Nervosität, Meisterschaft

23 Ausstrahlung, schneller Verstand, Ausdruckskraft, starke Gefühle, Erfolg

24 Familiensinn, Fürsorglichkeit, schöpferische u. musische Begabung, Bequemlichkeit

25 Ehrlichkeit, anspruchs- u. verständnisvoll, Intuition, Vorstellungskraft, Ruhe

26 Gefühlsreichtum, Vitalität, Organisations- und Führungstalent, Anziehungskraft

27 Entschlossenheit, Kraft, Medialität, Phantasie, Zärtlichkeit, Durchblick, Übersicht

28 Freiheitsliebe, Willensstärke, positive Einstellung, liebevoll, Kreativität

29 Lebhafte Gedankenwelt, Inspiration, Anziehungskraft u. analytisches und kritisches Denken

30 Vorstellungskraft, Redegabe, Ausdrucks- und Anziehungkraft, Gesellschaftsmensch

31 Hohe Ideale, schöpferische Begabung, selbstbewußt, offen, sensibel, tüchtig, nachtragend

Zahlenschlüssel

zugeord. Planeten Farbe	generelle Eigenschaften	Partnerschaft (Zahlen = gute Partner)	Berufe	Schatten	Grundzahlen
Sonne ☉ gelb	Einheit, Wille, Freiheit, Mut, Individualität, Intelligenz, Ego, Männlichkeit	tonangebend, egoistisch, beständig, aufrichtig 2, 3, 4, 6,	Führungskraft, Unternehmer, Wissenschaftler, Autor, Arzt	aggressiv, egoistisch, intolerant, beherrschend	**1**
Mond ☽ blau	Gegensätze, Gerechtigkeit, Partnerschaft, Weiblichkeit, Frieden, Denken, Planen	guter Partner, friedlich, anpassungsfähig, fürsorglich, sensitiv, tolerant 1, 2, 4, 6	Angestellter, Künstler, Politiker, Landwirt	launisch, empfindlich, unentschlossen, nervös	**2**
Mars ♂ rot	Erkenntnis, Ausdruckskraft, Antriebskraft, Ideen, Freude, Beweglichkeit, Männlichkeit	fröhlich, gesellig, liebevoll, unterhaltsam, offen 1, 5, 6, 9	Unterhalter, Lehrer, Verkäufer, Kaufmann, Jurist	angeberisch, eitel, rücksichtslos, oberflächlich	**3**
Saturn ♄ schwarz	Materie, Struktur, Praxis, Zuverlässigkeit, Wille, Treue, Ausdauer, Ordnung, Kontrolle	zuverlässig, vertrauenswürdig, treu, geduldig, sucht starken Partner 4, 7, 8, 9	Politiker, Arbeiter oder Angestellter, Landwirt, Bauunternehmer, Soldat	eigensinnig, konservativ, schwerfällig, mißtrauisch	**4**
Merkur ☿ orange	Gesundheit, Fruchtbarkeit, Vielseitigkeit, Erfahrung, Ausdruckskraft	attraktiv, kontaktfreudig, sinnlich, lebensfroh 2, 3, 5, 6	Kaufmann, Reiseleiter, Schriftsteller, Makler, Journalist	unaufmerksam, impulsiv, ungeduldig, flatterhaft, flott	**5**
Venus ♀ rosa und grün	Vereinigung, Harmonie, Liebe, Schönheit, Gestaltungskraft, Arbeit, Mitgefühl, Erotik	gemütlich, harmoniebewußt, treu, gesellig, liebevoll 2, 3, 5, 6	Künstler, Arzt, Pfleger, Koch, Friseur, Architekt	streitlustig, ungeduldig, arrogant, eifersüchtig, träge	**6**
Neptun ♆ weiß	Geisteskraft, Fülle, Träume, Mystik, Intuition, Vollkommenheit, Illusionen, Analyse	wählerisch, zärtlich, verträumt, natur- und tierlieb 1, 4, 7, 9	Wissenschaftler, Selbständiger, Rechtsanwalt, Tierpfleger, Gärtner	zurückhaltend, stur, unrealistisch, sarkastisch	**7**
Pluto (Saturn) ♇ giftgrün	Gerechtigkeit, Unendlichkeit, Stärke, Kritik, Autorität, Tatkraft, Sex, Organisation	wechselhaft, zärtlich, aktiv, optimistisch, autoritär 2, 4, 6	Unternehmer, Beamter, Politiker, Organisator, Bankkaufmann	dominant, introvertiert, schwerfällig, nüchtern, ungeduldig	**8**
Jupiter (Mars) ♃ violett	Vollendung, Abwechslung, Liebe, Verstand, Toleranz, Schicksal, Offenheit, Mitgefühl	tolerant, charmant, liebevoll, optimistisch, treu, großzügig 3, 4, 6, 7, 8, 9	Rechtsanwalt, Arzt, Soldat, Forscher, Psychologie, Schauspieler	launisch, jähzornig, rechthaberisch, reserviert	**9**

Welche Energie hat ein bestimmtes Datum für Sie?

Wenn sie analysieren wollen, welche Bedeutung ein Datum für Sie hat, gehen Sie folgendermaßen vor:

1. Addieren Sie die Quersumme des Datums (zum Beispiel 10. 3. 1999 = 1+0+3+1+9+9+9 = 32 = 3+2 = 5)
2. Addieren Sie die Quersumme Ihres Geburtstages und -monats (**18. 3.** 1967 = 1+8+3 = 12 = 3)
3. Zählen Sie die beiden errechneten Zahlen zusammen: (5 + 3 = 8).
4. Lesen Sie im **Zahlenschlüssel** nach, welche Schwingung (8) dieser Tag für Sie hat.

Die Buchstaben und Ihre Magie

Zahlen und Buchstaben sind miteinander verbunden. Früher war man der Überzeugung, daß der Name eines Wesens Macht enthält und seine Eigenschaften offenlegt.»Am Anfang war das Wort und das Wort war bei Gott.«

Man glaubte mit der Kenntnis seines wahren Namens Macht über ein Wesen zu erlangen.

Um den Namen besser ergründen zu können, ordnete man jedem Buchstaben eine Zahl zu. So konnte man jeden Namen oder jedes Wort zahlenmäßig aufschlüsseln und ergründen.

So können auch Sie mit Hilfe des *Buchstabenschlüssels* Ihren Namen erforschen. Durch Namensänderung (zum Beispiel durch Heirat, Künstlername, Spitzname) können tiefgreifende Veränderungen herbeigeführt werden.

Buchstabenschlüssel

Zahl	entspricht	Buchstabe		
1	Wille, Mut, Macht Einheit, Ego	A	J	S
2	Harmonie, Wissen, Gegensätze	B	K	T
3	Kreativität, Energie, Verbindung	C	L	U
4	Willenskraft, Geduld, Ruhe, Materie	D	M	V
5	Gesundheit, Freiheit, Tempo, Verstand	E	N	W
6	Schönheit, Liebe, Treue, Barmherzigkeit	F	O	X
7	Sieg, Intelligenz, Gemeinschaft	G	P	Y
8	Kraft, Macht, Tatkraft, Gerechtigkeit	H	Q	Z
9	Vollendung, Ehrlichkeit, Impuls, Liebe	I	R	

So funktioniert der Buchstabenschlüssel:

1. Schreiben Sie Ihren Vornamen (Ihr Inneres) Wesen auf, z. B. Helmut. Setzen Sie unter jeden Buchstaben die zugehörige Zahl. Vom Ergebnis bilden Sie die Quersumme, so daß Sie eine einstellige Zahl erhalten:

H E L M U T
8 5 3 4 3 2 = 25 = 2 + 5 = 7

Umlaute Ä = ae, ö = oe, ü = ue, ß = ss
° Die Deutung im Buchstaben- und im Zahlenschlüssel zeigt, welche Energie und Aufgabe Ihr Vorname mit sich bringt.

2. Entsprechend verfahren Sie mit dem 2. Vornamen und dem Familiennamen (bei Frauen der aktuelle Name) und lesen die jeweilige Deutung.

3. Zählen Sie nun die Summen der Namen zusammen, z. B.

H E L M U T   G E O R G   H O F M A N N
8 5 3 4 3 2   7 5 6 9 7   8 6 6 4 1 5 5
= 25 = 7   = 34 = 7   = 35 = 8
            7 + 7 + 8 = 22 = 4.

Das Ergebnis enthüllt den wichtigen Gesamteindruck Ihres Wesens.

° Lesen Sie die Erklärung unter dem Geburtstagsschlüssel (hier 22), sowie unter der einstelligen Quersumme (hier 4) des Zahlenschlüssels nach.

4. Aus den Zahlen der einzelnen Buchstaben Ihres Namens sehen Sie, wie die Energien verteilt sind (im Beispiel viermal 5), und welche Zahlen fehlen. Sie sehen dann an der Häufigkeit der vorhandenen Zahlen, welche Eigenschaften besonders stark vertreten bzw. nicht vorhanden sind.

Ungerade Zahlen gelten als männlich, gerade als weiblich. Sind mehr ungerade Zahlen im Namen, deutet das auf Aktivität und Offenheit, bei mehr geraden Zahlen auf Intuition und Ruhe.

° Durch diese Buchstabenanalyse können Sie die Schwingung jedes Wortes und Begriffes ergründen.

Beispiel : R E I K I (universale Lebensenergie, natürliche Heilweise)
         9 5 9 2 9 = 34 = 7

3 x ist die 9 (Vollendung, Liebe), 1 x die 5 (Gesundheit, Freiheit) und 1 x die 2 (Harmonie) enthalten.

Das Ergebnis ist 7 (Sieg, Intelligenz, Gemeinschaft).

FARBEN

Farbe kann Erinnerungen, Körperreaktionen und Stimmungen hervorrufen. Auch unser Körper reagiert mit Farben: Wir werden rot, wenn wir wütend oder beschämt sind, und unsere Haut wird bei Verletzungen blau, grün und rot.
Tiere benutzen Farben zur Tarnung, Drohung oder um anzulocken.
Pflanzen zeigen Farben über ihre Blüten, Blätter und Früchte. Sie verändern ihre Farbe, wenn sie blühen, welken oder absterben.
Farben begegnen uns in allen Lebensbereichen. Wir benutzen sie zur Kennzeichnung, Orientierung, Warnung, Werbung und für Heilzwecke.
Jede Farbe übermittelt uns einen großen Erfahrungs- und Symbolgehalt. Wir verbinden zum Beispiel Rot mit Hitze, Feuer, Wut, Sonne und Blut oder Schwarz mit Trauer, Rückzug und Schutz. Jedem Chakra (Energiezentrum) wird eine bestimmte Farbe zugeordnet:

Schwarz: Energiezentrum Füße (Mitte der Fußsohlen)
Rot: Energiezentrum Basis oder Wurzel (zwischen Anus und Genitalien)
Orange: Energiezentrum Milz, Nabel oder Sakral (oberhalb der Schamhaargrenze, unterhalb des Nabels)
Gelb: Energiezentrum Solarplexus (Mitte zwischen Brustbein und Nabel)
Rosa und Grün: Energiezentrum Herz (Brustmitte)
Hellblau: Energiezentrum drittes Auge oder Stirn (über der Nasenwurzel, zwischen den Augenbrauen)
Lila bis Violett: Energiezentrum Scheitel oder Krone (Mitte der Kopfoberseite)
Weiß: Energiezentrum Seelentor (ungefähr 15 cm oberhalb des Kopfes) und Hände (Handinnenflächen)

SCHWARZ

»Schwarz wie die Nacht« drückt schon viel von der Bedeutung dieser Farbe aus. Sie steht für die Nacht, das Unbewußte, Dunkle, das Nichts. Schwarz gilt als Nichtfarbe, so wie Weiß alle Farben enthält. Es zieht Licht und Farben an und läßt sie leuchtender erscheinen. Schwarz erhitzt sich stärker als alle anderen Farben im Sonnenlicht. Es zieht sich zusammen und führt uns auf uns selbst zurück. In schwarzer Kleidung wirkt man schlanker und man spürt die Empfindungen anderer Menschen stärker.

Schwarz ist das Symbol für Passivität, Unbewußtheit, Blockade, Trauer, Finsternis, Unterbewußtsein, Vernichtung, Sühne, Chaos und Tod.

Der Planet Saturn regiert diese Farbe, die den Nebenchakras der Füße zugeordnet ist.

Schwarz ist sauer, erdet, wirkt festigend und stärkt Willenskraft, Konzentration und Ausdauer. Zuviel Schwarz unterdrückt die Lebensenergie und die Gefühle.

Schwarze Edelsteine: Jade, Koralle, Magnetit, Obsidian, Onyx, Rauchquarz, Turmalin (Schörl).

Verwendung im Schmuck: Onyx, Obsidian, Turmalin, Diamant und Opal gibt es auch in schwarzer Farbe.

Verbunden mit der Zahl 8 drückt diese Farbe Unendlichkeit aus. Schornsteinfeger und schwarze Katzen gelten als Glückssymbol.

Mit dem Skarabäus, dem schwarzen Mistkäfer, drückt Schwarz Wiedergeburt und Erneuerung aus. Schwarz und Weiß sind Symbole des Jenseits. Im Yin-Yang-Symbol wird die Polarität dieser zwei Farben aufgehoben.

BRAUN

Die Mischung von Orange und Schwarz ergibt Braun.

Es ist die Farbe der Erde, der Mütterlichkeit, der Treue, der Festigkeit, der Wärme, aber auch des Herbstes, der Traurigkeit, der Demut, des Zwangs, der Versteifung und der Armut.

Diese gedämpfte Farbe, wie stumpf gewordenes Gold, repräsentiert das Beschützende der Erdverbundenheit. Die Energien des

Orange sind zurückgezogen bzw. werden vom energieaufsaugenden Schwarz gedämpft auf Kosten der Klarheit und Übersicht. Dunkles Braun wird von Kindern daher abgelehnt. Die chemische Reaktion von Braun ist sauer. Es ist dem Energiezentrum Füße zugeordnet. Braun fördert Standfestigkeit, Erdverbundenheit und Widerstandskraft. Zuviel Braun kann aber zu Passivität, Depressionen, Rückzug und Desinteresse führen. Braune Edelsteine: Achat, Diamant, Jaspis, Rauchquarz, Tigerauge, Zirkon.

Verwendung im Schmuck: Bei zu großer Aktivität und Streß wirken braune Steine, wie dunkles Tigerauge und Bernstein, dämpfend. Diese Farbe sollte aber nur als Übergangsphase zu mehr Einsicht getragen werden mit dem Ziel, den Ausgleich über grüne und blaue Steine zu finden, um so zur eigenen Mitte zu finden.

ROT

Rot ist die Farbe des Feuers, des Blutes, der Glut und der Hitze. Sie symbolisiert daher Aktivität, Heilkraft, Leidenschaft, Wärme, Kraft, Mut, Macht, Energie, Liebe und Leben – aber auch Wut, Aggressivität, Krieg, Haß, Gewalt und Opfer.

Es ist eine aktivierende, kräftigende und belebende Farbe. Pflanzen wachsen bei Bestrahlung mit Rotlicht schneller, Tiere werden nervös, wenn sie »rot«-sehen.

Rot wird dem 1. Energiezentrum im Körper zugeteilt, dem Basis- oder Wurzelchakra und auch der Sexualität, der Menstruation, dem Körperlichen.

Rot ist die Farbe der Tätigkeit.

Im Rot vereinigten sich das männliche Weiß (Leben) und das weibliche Schwarz (Tod) zur Überwindung der Polarität des Geschlechtlichen.

Bringt man durch die Hitze des Feuers (rot) Wasser zum Kochen, geht es in den gasförmigen Zustand über (Dampf).

So erfolgt beim Menschen, der sich aufregt (der »kocht«), die Wandlung, das Befreien von Belastungen und damit die Läuterung.

Die chemische Reaktion dieser Farbe ist stark sauer.

Als dunkles Rot wird es dem Planeten Jupiter und als helles Rot dem Mars zugeordnet.

Rot können wir nutzen um Aufmerksamkeit zu erregen, um anzuregen, zu aktivieren und die Durchsetzungskraft zu stärken. Im körperlichen Bereich kann Rot bei niedrigem Blutdruck, Blutkrankheiten, Impotenz, Schwäche, Depressionen und bei Herz- und Muskelschwäche eingesetzt werden.

Aber diese Farbe sollte auf Dauer nicht in Wohnung, Kleidung und im Leben vorherrschen, sonst führt sie zu Streß, Wut und Aggression.

Rote Edelsteine: Achat, Blutjaspis, Granat, Hämatit, Koralle, Rubin, Spinell, Silex.

Verwendung im Schmuck: Rote Edelsteine können besonders zur Aktivierung, zur Transformation und Anregung der Liebesfähigkeit und Fruchtbarkeit eingesetzt werden. In Verbindung mit dem Schlangensymbol aktivieren sie die Kundalini-Energie. Zusammen mit der Rose symbolisieren rote Steine verstärkt die Liebe.

ORANGE

Wie Rot ist auch Orange eine energievolle Farbe und kommt auch im Feuer und in der Flamme vor. Orange symbolisiert sowohl Antriebskraft, Energie, Erotik, Freude, Wärme, Liebe, Ausdehnung und Kommunikation, als auch Egoismus, Faulheit, Herrschsucht und Geheimnistuerei.

Orange ist dem 2. Energiezentrum, dem Sakral- oder Milzchakra, zugeordnet und regt den Kreislauf, den Stoffwechsel, die Nieren, die Verdauungsorgane und die Emotionen an.

Es symbolisiert die positiven, anregenden, wärmenden Aspekte der Erde und hilft, die Liebe zur Gemeinschaft und das Annehmen von Tatsachen zu fördern.

Die chemische Reaktion dieser Farbe ist sauer.

Das Orange trägt weder die Sexualität und den Zorn des Rot, noch die Geistesbetontheit des Gelb in sich. Orange regt an, fördert den Appetit und inspiriert.

Mit Orange finden wir zu mehr Antriebskraft, Kreativität und Kommunikation. Es hält uns mehr in der Körper-, Gefühls- und

Verstandesebene. Zuviel Orange kann zu Nervosität und Unruhe führen. Daher sollte Orange nicht ständig und im Übermaß verwendet werden.

Orangefarbene Edelsteine: Calcit, Feueropal, Karneol, Padparadscha (orangefarbener Saphir), Sonnenstein.

Verwendung im Schmuck: Orangefarbene Steine wie Feueropal, Karneol und Padparadscha regen die Körperfunktionen und Lebenskraft an und unterstützen die Selbstkontrolle. In Karneole werden oft auch Symbole und Sprüche eingraviert, um mit der Kraft dieser Farbe die Wirkung der Symbole noch zusätzlich zu verstärken.

GELB

Das gleißende Licht der Sonne, die Gestirne und das Metall Gold spenden uns die Farbe der Weisheit, der Erleuchtung und der Leichtigkeit, nämlich Gelb.

Diese Farbe unterstützt die Wahrheitssuche, das Wissen und den Mut. Sie stimuliert Darm, Drüsen, Galle, Leber, Lunge, Magen, Schleimhäute, Gehirn und Nerven.

Gelb symbolisiert einerseits Leichtigkeit, Freude, Fröhlichkeit, Sanftheit, Weisheit, Intuition, Spontaneität, Verbundenheit und Harmonie, andererseits Feigheit, Arroganz, Angst und Neid.

Die goldene Krone war immer das Symbol von Würde, Majestät, Macht und Weisheit.

Seine chemische Reaktion ist leicht sauer.

Gelb wird der Sonne zugeordnet.

Im menschlichen Körper entspricht es dem Energiezentrum des Solarplexus, der Mitte oder Sonne der Gefühle.

Mit dieser Farbe können wir trübe Stimmungen überwinden und zu unserer Stärke finden. Gelb im Übermaß bindet uns an körperliche und emotionale Energien und kann zu Verbohrtheit, Eifersucht und Nervosität führen.

Gelbe Edelsteine: Bernstein, Calcit, Chrysoberyll, Rutilquarz, Safir, Schwefel, Tigerauge, Topas, Turmalin, Zitrin.

Verwendung im Schmuck: Bei den Metallen repräsentiert vor allem Gold diese Farbe. Gelbe Steine sind Zitrin, Topas, Chrysoberyll, gelber Saphir, Bernstein und Rutilquarz. Im Verbund mit dem Symbol der Sonne drücken diese Steine in Gold verarbeitet die Leuchtkraft und »Er«-Leuchtung der Sonne aus und helfen bei der Wahrheitssuche und Intuition.

GRÜN

Diese lebensspendende, ausgleichende und positive Farbe liefert uns die Natur reichlich. Das grüne Chlorophyll ist die Basis allen pflanzlichen Lebens. Auch Wasser, das einen großen Teil unseres Planeten bedeckt, hat meist eine grünliche Färbung.

Grün symbolisiert Frühling, Gesundheit, Selbstvertrauen, Kreativität, Sicherheit, Hoffnung und Versöhnung, aber auch Machthunger, Habgier und Unreife.

Es steht für sinnesfreudige, aufnahme- und empfindungsfähige Menschen. Es wird dem Energiezentrum des Herzens zugeordnet – unserer Mitte, der ausgleichenden und verbindenden Ebene zwischen den drei unteren körperlichen und drei oberen geistigen Chakras, wie es auch im Farbsystem die mittlere Farbe ist.

Auch die chemische Reaktion des Grün ist neutral, in der Mitte zwischen sauer und alkalisch.

Grün wird vom Planeten Neptun beeinflußt.

Grün bringt uns Entspannung, Beruhigung, Heilung und Harmonie. Grün im Übermaß kann jedoch zu Depressionen und Unschlüssigkeit führen.

Grüne Edelsteine: Alexandrit, Amazonit, Aventurin, Calcit, Chrysokoll, Chrysopras, Dioptas, Jade, Malachit, Moldavit, Moosachat, Olivin, Smaragd, Turmalin.

Verwendung im Schmuck: So üppig wie in der Pflanzenwelt kommt auch im Mineralbereich diese Farbe vor. Grüne Steine passen gut zur Herzform. Insbesondere Smaragde symbolisieren die Heilkraft des Grün. Früher trugen die Ärzte oft Smaragdringe mit einer stilisierten Schlange als Symbol für ihren Beruf, und um ihre Heilkraft zu stärken.

ROSA

Rosa ist eine zarte, junge, frische, zurückhaltende Farbe. Die Aggressivität des Rot ist hier gedämpft.

Rosa symbolisiert Leichtigkeit, Frieden, Jugendlichkeit, Zartheit und eine sanfte, wärmende, befreiende Liebe sowie Mitgefühl und Freundlichkeit.

Rosa ist als zweite Farbe dem Energiezentrum des Herzens zugeordnet.

Diese Farbe ist besonders für Kinder und sensible Erwachsene geeignet. Rosa läßt sich dem Planeten Venus zuordnen.

Rosa hilft uns das Herz zu öffnen, damit Toleranz und Liebe sich ausbreiten können. Wir lernen uns und andere liebevoll anzunehmen. Rosa lindert Aggressionen, Streß, Egoismus und übermäßige Leidenschaft. Rosa im Übermaß kann jedoch zu Illusionen und Wunschdenken führen.

Rosa Edelsteine: Botswana-Achat, Koralle, Kunzit, Morganit, Rhodochrosit, Rhodonit, Rosenquarz, Turmalin.

Verwendung im Schmuck: Besonders der Rosenquarz, der Rhodochrosit, der Rhodonit und der rosa Turmalin repräsentieren in der Mineralwelt diese Farbe. Als Anhänger gefaßt und im Herzbereich getragen, beeinflussen sie dieses Energiezentrum günstig. Rosa Steine passen gut zur Herzform.

BLAU

Blau strahlt uns vom Himmel und von der See entgegen.

Es ist das Symbol für Ruhe, Erholung, Heilung, Intuition, Mitgefühl, Reinheit, Treue, Einheit, Verantwortung, Kommunikation und Freiheit sowie von Starre, Schuldgefühlen, Selbstgerechtigkeit, Chaos, Starrheit, Überheblichkeit und Verschlossenheit.

Das ruhige, kühle Blau ist die Farbe des Willens. Es hilft bei Übererregung, Entzündungen, Nervosität und hohem Blutdruck.

Hellblau steht besonders für Kommunikation und wird dem 5. oder Kehlchakra zugeordnet.

Die chemische Reaktion von Blau ist alkalisch und symbolisiert die Planeten Merkur und Jupiter.

Blau beruhigt, fördert Ausdrucksfähigkeit, Weisheit, Inspiration und Offenheit. Zuviel Blau kann jedoch zu Schwermut, Müdigkeit, Rückzug und Gutgläubigkeit führen.

Blaue Edelsteine: Amazonit, Apatit, Aquamarin, Chalzedon, Chrysokoll, Chrysopal, Coelestin, Edeltopas, Fluorit, Kyanit, Larimar, Mondstein, Opal, Türkis, Turmalin.

Verwendung im Schmuck: Die verschiedenen Blautöne lassen sich zur Beruhigung, zur Wahrheitssuche und zur Förderung der Intuition einsetzen. Blau paßt gut zum Dreieck (mit der Spitze nach oben) und zum Fischesymbol.

INDIGO

Indigo gilt als die Farbe der Mystik, des Gottvertrauens, der Weisheit und der Selbstkontrolle.

Es senkt den Blutdruck, fördert Meditation, Inspiration und Denkvermögen. Diese Farbe bringt uns Entspannung und Ruhe. Zuviel dunkles Blau kann jedoch zu Schwermut und Unausgeglichenheit führen.

Dunkelblau ist alkalisch und unterstützt das 6. Chakra, auch 3. Auge genannt, und damit das Sehvermögen.

Dunkelblaue Edelsteine: Azurit, Dumortierit, Falkenauge, Fluorit, Labradorit, Lapislazuli, Safir, Sodalith, Tansanit, Turmalin (Indigolith).

Verwendung im Schmuck: Indigo bringt uns mit unserem höherem Selbst in Verbindung. Dunkelblaue Steine passen gut zum Skarabäussymbol.

VIOLETT

Violett entsteht aus dem männlichen Blau und dem weiblichen Rot. Beide Farben sind dadurch abgeschwächt. Die Kälte des Blau ist vermindert und das Feuer des Rot geschwächt. Die Polarität von männlich und weiblich ist im Violett gemildert.

Es ist eine den Sexualtrieb dämpfende Farbe. Generell ist Violett eine zwischen den Polaritäten vermittelnde Farbe. Violett symbolisiert Spiritualität, Vermittlung, Erhabenheit, Opfer, Trauer, Magie, Melancholie und Spannung.

Die chemische Reaktion ist leicht alkalisch und die Planeten dieser Farbe sind Jupiter und Neptun.

Violett unterstützt das 7. oder Scheitelchakra und hilft bei der Meditation, bei Schmerzen, Depressionen und Schlafstörungen. Zuviel Violett kann aber zu Migräne, Depressionen und Frustration führen. Je nach Mischverhältnis von Rot und Blau entstehen die Tönungen Violett, Lila und Purpur.

Violettfarbene Edelsteine: Amethyst, Ametrin, Charoit, Fluorit, Lepidolit, Purpurit, Sugilit, Turmalin.

Verwendung im Schmuck: Amethyst, Fluorit, Sugilit und Charoit sind die wichtigsten Steine dieser Farbe. Diese Steine als Schmuck getragen erleichtern die spirituelle Entwicklung. Christliche Bischöfe tragen einen Amethystring.

Früher wurde diese Farbe besonders mit dem Adler verbunden, im Christentum mit dem Fisch. Aber auch mit abstrakten und geometrischen Symbolen (wie dem Dreieck) läßt sich Violett gut kombinieren.

WEISS

Weiß ist die Farbe der Sonne, des ungebrochenen Lichtes, die alle Farben in sich vereinigt. Wird das klare Licht durch ein Prisma geleitet, gliedert es sich in die Farben des Regenbogens auf.

Weiß ist Symbol für Lebenskraft, Reinheit, Unschuld, Jungfräulichkeit, Freude, Freiheit, Erleuchtung, Vollkommenheit, Wahrheit, Festlichkeit und den Tag, aber auch für Einsamkeit, Leere, Alter, Sterilität, Unreife und Kälte.

Weiß ist alkalisch und wird wie Silber mit dem Mond assoziiert. Es ist den Nebenchakras der Hände zugeordnet.

Weiß erhellt unsere Gedanken, fördert die Selbsterkenntnis und hilft uns im Umgang mit den Menschen, indem es schützt und Negativität abwehrt. Zuviel Weiß kann jedoch zu Isolierung, Gefühlskälte und Perfektionszwang führen.

Weiße Edelsteine: Bergkristall, Diamant, Koralle, Opal, Perle, Selenit, Spinell, Topas.

Verwendung im Schmuck: Besonders der Bergkristall und der Diamant vertreten die weiße Farbe in der Steinwelt. Sie helfen bei geistiger Entfaltung, bei Neubeginn und Transformation. Zusammen mit der Lotusblüte drücken sie besonders die umfassenden Eigenschaften des Lichts und seiner Entfaltung aus.

Das weiße Einhorn galt früher als Symbol Christi, und der weiße Delphin stand für Klugheit und Wendigkeit.

Das Yin-Yang-Zeichen symbolisiert die Vereinigung der Gegensätze, beispielsweise von Schwarz und Weiß.

SILBER

Silber wird mit dem Mond assoziiert. Es ist eine weibliche Farbe, die Schutz und Kühle verspricht, aber auch das Unbewußte, Träumerische unterstützt. Vor allem Kinder und Menschen die Schutz, Liebe, Intuition, Sensibilität und Romantik brauchen, sprechen auf Silber gut an.

Verwendung im Schmuck: Silbermetall bietet sich zur Verarbeitung mit sehr vielen Steinen an. Besonders die amerikanischen Indianer und die Inder erschaffen traumhaft schönen Schmuck aus Silber.

Zur Verstärkung der Eigenschaften dieser Farbe kann man sie mit dem Mondsymbol kombinieren. Labradorit, Mondstein und Saphir passen gut zu Silber.

GOLD

Das königliche Gold ist wie Gelb die Farbe der Sonne und des Herzens. Es strahlt Wärme aus und wirkt anziehend und verbindend. Gold ist eine männliche Farbe, die auch oft mit dem Symbol Löwe verbunden wird.

Gold stärkt Selbstvertrauen, Intuition, Kreativität und Vitalität.

Verwendung im Schmuck: Ein goldener Ring wird oft als Versprechen verwendet, zur Verlobung oder als Zeichen ehelicher Treue. Goldschmuck galt schon immer als Zeichen des Wohlstands, der Würde und des Erfolgs. Gold soll die Gesundheit erhalten und lebensverlängernd wirken. Gold verstärkt die Wirkung der Steine, mit denen es verarbeitet wird.

METALLE

BLEI ♄

Farbe: grau, bleifarben
Transparenz: opak
Härte: 1,5
Chemische Formel: Pb (Plumbum)
Hauptfundorte: Australien, China, GUS, Kanada, Marokko, Mexiko, Peru, Südafrika
Tierkreiszeichen: Steinbock, Wassermann
Chakras: Halschakra
Planet: Saturn
Organ: Lunge, Bronchien

In der Natur kommt Blei nur sehr selten in reiner Form vor. Meist kommt es in Verbindungen (Bleiglanz, Cerussit, Krokoit) vor. Blei ist ein schweres, graues, giftiges und weiches Metall. Bei einer Bleivergiftung reagiert der Körper mit Vergiftungserscheinungen wie kranken Zähnen, Haarausfall, schneller Alterung bis hin zu Erstarrung und Tod. Tod ist ja auch Wandlung, das heißt Altes stirbt, um Neuem Platz zu machen. Blei ist dem Element Erde (Schwere, Festigkeit) und dem Planeten Saturn zugeordnet.

Beim Feiern an Silvester nutzt man die leichte Schmelzbarkeit von Blei zum Bleigießen. Dazu wird das Metall über einer Flamme verflüssigt und anschließend in kaltes Wasser gegossen. Die erstarrten Figuren werden dann symbolisch gedeutet.

Blei stärkt die Vorstellungskraft, gibt Ausdauer und Festigkeit und wirkt beruhigend.

Verwendung im Schmuck: Früher stellte man Amulette und Figuren aus Blei her. Für die moderne Schmuckherstellung ist Blei jedoch bedeutungslos.

EISEN/STAHL

Farbe: stahlgrau – eisenschwarz
Transparenz: opak
Härte: 4–5
Chemische Formel: Fe (Ferrum)
Kristallsystem: kubisch
Hauptfundorte: Terrestrisches Eisen: Deutschland (Hessen), Irland, Frankreich, USA
Meteoreisen: USA, Mexiko, Namibia, Sibirien
Tierkreiszeichen: Widder, Jungfrau, Löwe
Chakras: Basis, Milz
Planet: Mars
Organ: Galle

Eisen wird in vielen Ländern der Erde als Eisenerz abgebaut, es kommt auch durch Meteoriten und Meteorstaub zur Erde. Als Symbol des Mars (Planet und Kriegsgott) ist Eisen ein kriegerisches, kraftvolles und feuriges Prinzip mit männlichen Eigenschaften. Eisen ist ein wichtiger Bestandteil des Blutes (Hämoglobin), wobei Männer mehr Eisen im Blut haben als Frauen.

Eisen wurde und wird außer für Schmuck vor allem für Werkzeuge und Waffen verwendet.

Früher mieden Priester und Magier das Eisen, denn ihm wurde zauberbrechende Kraft zugeschrieben. Heilkräuter wurden nicht mit eisenhaltigen Werkzeugen aus dem Boden geholt, damit sie ihre Wirkung behielten, und viele Länder (z. B. China, Indien, Schottland, Finnland) haben Tabus gegen Eisen.

Gegenstände aus Eisen, wie Axt, Hufeisen, Schere, Nagel, Ring, wurden gegen Spuk, Geister sowie gegen Epilepsie, Gicht, Fieber und andere Krankheiten eingesetzt.

Eisen aktiviert, stärkt, belebt und erdet. Es stärkt den Mut, die Selbständigkeit und die Tatkraft. Außerdem hat es eine bekannte Schutzfunktion (Schild, Rüstung, Karosserie).

Verwendung im Schmuck: Eisen- oder Stahlschmuck kann bei Leber-, Gallen- und Nierenproblemen sowie bei Blutarmut und nach Operationen getragen werden. Er stärkt die männlichen Aspekte, die Muskelbildung, das Wachstum der Haare und Nägel und aktiviert und erleichtert Trennungsvorgänge. Man kann auch eisenhaltige Steine wie Hämatit, Magnetit, Pyrit, Silex oder Tigereisen verwenden.

GOLD

Farbe: goldgelb, silbergelb, rötlich-gelb
Transparenz: opak
Härte: 2,5–3
Chemische Formel: Au (Aurum)
Kristallsystem: kubisch
Hauptfundorte: Rumänien, Sibirien, Indien, Australien, Südafrika, Kanada, USA
Tierkreiszeichen: Löwe
Chakras: Basis, Solarplexus, Hals, Scheitel
Planet: Sonne (Yang)
Organ: Herz

Dieses schwere Metall (19mal so schwer wie Wasser) wird als kleine Körnchen (Nuggets), in massiver Form und als Quarzverbindung gefunden. Gold mit seiner gelb leuchtenden Farbe ist Symbol der Sonnenkraft sowie von Feuer, Wärme, Erfolg, Mut, Männlichkeit, Macht, Lebenskraft, Stärke, Vollkommenheit, Weisheit und Reichtum. Gold wurde schon immer wegen seiner Farbe und seiner Reinheit geschätzt, besonders von Königen, Kaisern und geistigen Würdenträgern. Es wird auch zur Abwehr von Krankheiten und als Stärkungsmittel verwendet. Heilkundige schnitten ihre Kräuter mit goldenem Werkzeug, um die beste Wirkung zu erzielen.

Gold oxydiert nicht und ist besonders leitfähig und dehnbar. Es behält seinen Charakter auch, wenn es erhitzt oder bearbeitet wird. Man kann es hauchdünn zu Blattgold auswalzen oder zu so dünnen Fäden ziehen, daß man sie mit dem bloßen Auge nicht mehr sieht, und trotzdem hält das Gold noch zusammen. Die Reinheit oder Legierung des Goldes wird angegeben in Karat oder Tausendsteln:

Reines Gold hat 24 Karat oder 1000/1000.
Dann gibt es   22 Karat oder 920/1000
                 20 Karat oder 835/1000

18 Karat oder 750/1000
14 Karat oder 585/1000
12 Karat oder 500/1000
 9 Karat oder 375/1000
 8 Karat oder 333/1000

Durch eine Legierung mit Silber wird Gold heller, durch eine Legierung mit Kupfer dunkler. Weißgold wird durch eine Beimengung des Platinmetalls Palladium oder Nickel gewonnen, grünes Gold durch Beimengung von Silber und Kadmium.

Gold fördert
☐ Erfolg,
☐ Stärke,
☐ Selbstheilungskräfte,
☐ Tatkraft,
☐ Mut,
☐ Charakter,
☐ Lebenskraft und
☐ männliche Eigenschaften.

Verwendung im Schmuck: Gold ist das wichtigste Schmuckmetall. Es wurde schon immer als Schmuck verarbeitet und getragen, als Zeichen der Würde, des Erfolgs und um Gesundheit, Selbstvertrauen und Lebenskraft zu stärken.

Gold eignet sich auch, um in Verbindung mit allen Schmucksteinen getragen zu werden. Durch seinen Glanz und seine Eigenschaften verstärkt es die Ausstrahlung, die Schönheit und die Wirkung der Edelsteine.

KUPFER ♄

Farbe: Kupferrot, oft mit dunkelbraunen Anlauffarben
Transparenz: opak
Härte: 2,5–3
Chemische Formel: Cu (Cuprum)
Kristallsystem: kubisch
Hauptfundorte: Sambia, Schweden, USA, Ural/UdSSR, Mexiko
Tierkreiszeichen: Stier, Schütze

Chakras: Basis, Milz, Hals, Hände
Planet: Venus
Organ: Niere

Das Wort Kupfer stammt von lat. *aes cuprium* (Erz von Zypern). Es wird oft mit anderen Verbindungen wie Sandstein, Lava, Schwefel und Eisenmineralien gefunden. Reines Kupfer kommt dagegen selten vor.

Kupfer, das Metall der Venus, ist auch im Körper des Menschen enthalten (Frauen haben mehr Kupfer im Blut als Männer). Es unterstützt die Liebe und künstlerischen Aspekte im Menschen. Außerdem wird es bei Arthritis, Erschöpfungszuständen, Krämpfen, Nervenkrankheiten, Rheuma, Sexual-, Stoffwechsel- und Verdauungsstörungen eingesetzt. Kupfer wirkt entgiftend, heilend und vitalisierend.

Bei Kupfermangel, der sich bei blassen Menschen, bei Frauen an wenig entfalteten Geschlechtsmerkmalen oder im Extremfall bei MS-Kranken (Mangel an Liebe) zeigt, kann Kupfer zugeführt werden.

Dazu kann man zum Beispiel Kupferarmbänder tragen oder homöopathische Kupferpräparate einnehmen. Dunkle Hauttypen haben jedoch meist genug Kupfer im Blut.

Kupfer symbolisiert Glück, Erfolg, Freundschaft, Liebe, Schönheit, Schutz, Mütterlichkeit, Weiblichkeit, Harmonie, Heilung und Lebenskraft.

Kupfer stärkt
☐ liebevolle Eigenschaften,
☐ weibliche Aspekte in uns,
☐ Selbstliebe,
☐ Wohlwollen,
☐ Optimismus,
☐ Ausgeglichenheit,
☐ Selbstheilungskräfte,
☐ Harmonie und
☐ Schönheitssinn.

Verwendung im Schmuck: Kupfer als Schmuck getragen fördert das Gemeinschaftsbewußtsein, das liebevolle, beschützende Denken und die weiblichen Eigenschaften. Man kann auch kupferhaltige Steine wie Azurit, Chrysokoll, Malachit und Türkis verwenden. Das Kupfer in diesen Steinen zeigt sich durch ihre wunderschönen grünen und blauen Farben.

PLATIN

Farbe: Weiß, stahlgrau, silbergrau
Transparenz: opak
Härte: 4–4,5
Chemische Formel: Pt (Platinum)
Kristallsystem: kubisch
Hauptfundorte: Ural, Mittelsibirien, Südafrika, Kanada, USA, Kolumbien, Peru, Neuseeland
Tierkreiszeichen: Löwe
Chakras: Basis, Solarplexus, Hals, Scheitel
Planet: Neptun
Organ: Schädel, Großhirn

Als Platinmetalle gelten Platin, Iridium, Osmium, Palladium, Ruthenium und Rhodium. Meist werden sie zusammen gefördert. Platin ist härter, schwerer und seltener als Gold und Silber.

Früher wurde Platin für Silber gehalten, daher der Name Platinum (spanisch: kleines Silber). Platin ist sehr geschmeidig, formbar, schweißbar und korrosionsbeständig. Deshalb ist es besonders für die Schmuckherstellung, für industrielle Zwecke und für chirurgische Implantate geeignet. Meist wird Platin mit anderen Platinmetallen in einem Reinheitsgrad von 95 Prozent (Stempel Pt 950) legiert.

In der Homöopathie wird Platin sehr vielseitig verwendet, zum Beispiel bei Menstruationsbeschwerden, Krebs, Depressionen, Lähmungen, Kopfschmerzen, Schock und Ängsten.

Platin unterstützt die Stoffwechsel- und Verdauungsorgane. Es wird bei Wirbelsäulenproblemen, schwacher Thymusleistung, Bleivergiftung und Gedächtnisverlust eingesetzt. Bei labiler Verfassung stärkt Platin den Körper und die Gesundheit.

Platin ist grauweiß, nicht sehr hart, aber geschmeidig.

Es ist Symbol für Technik und Wissenschaft.

Platin
- ☐ stärkt Augen, Thymusdrüse, Stoffwechsel und Verdauung,
- ☐ fördert die Intuition,
- ☐ gleicht den Charakter aus,
- ☐ wirkt beruhigend und
- ☐ stabilisiert.

Zuviel Platin kann jedoch zu Überempfindlichkeit, Einbildung und Verhärtung führen.

Verwendung im Schmuck: Als Schmuck getragen, stabilisiert Platin und regt den Geist an. Es kann mit dem Neptunsymbol kombiniert werden, um die Kreativität und die Phantasie anzuregen. Amethyst, Aquamarin, Diamant, Safir und Tansanit passen gut zu diesem Metall.

SILBER

Farbe: silberweiß, gelblich, braun, dunkel angelaufen
Transparenz: opak
Härte: 2,5–3
Chemische Formel: Ag (Argentum)
Kristallsystem: kubisch
Hauptfundorte: Norwegen, Kanada, USA, Mexiko, Bolivien, Peru, Chile, GUS, Australien
Tierkreiszeichen: Krebs, Wassermann
Chakras: Basis, Milz, Herz, Drittes Auge, Scheitel
Planet: Mond (yin – Metall/weiblich)
Organ: Gehirn

Silber war eines der ersten Metalle, das von Menschen verwendet wurde.

Dem Mond und dem Wasser zugeordnet, ist es ein Metall der Gefühle, der Liebe, der Träume und der Heilung. Es wurde früher viel für Magie und Hexerei, sowie zur Heilung von Krankheiten verwendet.

Die Reinheit wird wie bei Gold in Tausendstel angegeben: z. B. Sterling Silber = 925/1000, 835/1000 oder 800/1000.

Silber läßt sich gut polieren und leitet am besten Wärme und

Elektrizität. Es wird zur Fotoherstellung (konserviert Eindrücke), für industrielle Zwecke (gute Leitfähigkeit), für die Medizin (Homöopathie, Implantate, Akupunkturnadeln) und zur Schmuckverarbeitung benutzt.

Im körperlichen Bereich wird es unter anderem für Augen, Gehirn, Fortpflanzungsorgane, Haut, Kreislauf, Ohren, Stoffwechsel und Verdauung eingesetzt.

Silber vermittelt

☐ Schutz,

☐ Liebe,

☐ Phantasie,

☐ Intuition,

☐ Romantik und

☐ Sensibilität.

Es ist gut für Kinder geeignet.

Verwendung im Schmuck: Als Schmuck getragen unterstützt Silber liebevolle Gefühle, Träume, beruhigende und ausgleichende Schwingungen und Erneuerungsprozesse. Silber verstärkt die Wirkung der mit ihm verarbeiteten Edelsteine. Labradorith, Mondstein, Saphir und andere dem Mond zugeordnete Steine passen gut zu Silber.

EDELSTEINE

Edelsteine sind seit Menschengedenken als Objekte zur Verschö-
nerung, als Amulette und als Kultgegenstände verwendet worden.
Im industriellen Zeitalter geriet die Symbolkraft und Bedeutung
der Steine in Vergessenheit. Materielle Aspekte standen im Vorder-
grund. In neuerer Zeit steigert sich die Bewußtheit der Menschen
und damit das Interesse an Edelsteinen, ihrer symbolischen Bedeutung und ihren Einsatzmöglichkeiten als Brennpunkt unserer
Energien. In den folgenden Kapiteln werden diejenigen Edelsteine
vorgestellt, die sich besonders für die Verarbeitung zu Schmuck
eignen und wichtig in ihrer Symbolaussage sind. Da die Steine auch
die jeweilige Farbsymbolik beinhalten, kann man zusätzlich die
Farbaussage unter dem Kapitel *Farben*, sowie die Symbolik der
Form unter *geometrische Figuren* nachlesen.

Die Edelsteine als Geschenke der Erde sollten weise und dank-
bar eingesetzt werden, damit ihre Symbolkraft auf die richtige Art
und Weise wirken kann.

ACHAT

Farbe: rote, orangefarbene, rosa, graue und erdfarbene Töne, oft mit
farbigen Streifen und manchmal mit kristallinen Einschlüssen.
Transparenz: durchscheinend bis opak
Härte: 6,5–7
Chemische Formel: SiO_2
Zusammensetzung: Kieselsäure
Kristallsystem: trigonal
Hauptfundorte: Brasilien, China, Indien, Madagaskar, Mexiko,
Uruguay, USA
Tierkreiszeichen: Widder, Stier, Zwillinge, Skorpion
Chakras: Wurzel, entsprechend der Farbe auch andere Chakras

Der Achat gehört zu den Chalzedonen. Seine Streifen verleihen
ihm ein ansprechendes Äußeres.

Sein Name leitet sich vom Fluß Achates in Sizilien ab, wo er schon zur Römerzeit abgebaut wurde. Der Achat entstand dadurch, daß sich Gesteinsblasen mit Kieselsäure füllten. Diese Gebilde nennt man Achatmandeln. Manchmal sind sie auch innen hohl und mit Bergkristall- oder Amethystspitzen ausgekleidet, dann nennt man sie Drusen oder Geoden.

Da der Achat gut Farbe annimmt, wird er in verschiedenen Farben getönt.

Der Achat symbolisiert Erdverbundenheit, Schutz, Stärke und Geborgenheit.

Der Achat
☐ wird für Magen, Gehör, Augen und Fortpflanzungsorgane eingesetzt,
☐ regt die Selbstheilungskräfte an,
☐ stärkt und erdet,
☐ unterstützt die Aura und
☐ vermittelt dadurch Geborgenheit und Schutz.

Verwendung im Schmuck: Achat war in der Brustplatte der Hohenpriester enthalten. Seine unterschiedlich gefärbten Lagen wurden schon von den Griechen und Römern genutzt, um daraus Gemmen und Kameen zu schnitzen. Heute wird Achat gerne als Ringstein oder als Kette getragen.

ALEXANDRIT

Farbe: hell- bis dunkelgrün (bei Tageslicht); rot bis rotviolett (bei Kunstlicht)
Transparenz: durchsichtig
Härte: 8,5
Chemische Formel: Al_2BeO_4
Zusammensetzung: Beryllium-Aluminat
Kristallsystem: rhombisch
Hauptfundorte: Ceylon, Simbabwe, Birma, Brasilien, Madagaskar, USA
Tierkreiszeichen: Skorpion, Krebs, Zwilling
Chakras: Basis, Sakral, Herz, Drittes Auge

Diese äußerst seltene und daher teure Variante des Chrysoberylls ist nach dem Zaren Alexander II benannt, weil er 1830 an dessen Geburtstag entdeckt wurde. Faszinierend ist der Farbwechsel (= changieren) des Alexandrits. Bei Tageslicht ist er grün und bei künstlichem Licht verändert er seine Farbe zu rot bis rotviolett. Besonders gesucht ist das Alexandrit-Katzenauge. Katzenauge (chatoyieren) wird ein Lichteffekt genannt, der sich wie das schlitzartige Auge einer Katze über die Fläche des (meist als Cabochon) geschliffenen Steins bewegt.

Alexandrit symbolisiert Glück, Beweglichkeit, Freude, Kreativität und Wandlung.

Der Alexandrit
- ☐ fördert den Energiefluß vom Basis- zum Scheitelchakra über die Wirbelsäule,
- ☐ wirkt regenerierend,
- ☐ er unterstützt das Nervensystem,
- ☐ schenkt Ruhe, Ausgleich, Freude und Naturliebe und
- ☐ regt die Kreativität an.

Verwendung im Schmuck: Ein wertvoller und seltener Edelstein, der als Anhänger, Ohrring oder Ring ein kostbarer Glücksbringer ist.

AMAZONIT

Farbe: grün, bläulich-grün
Transparenz: undurchsichtig
Härte: 6–6,5
Chemische Formel: $KAlSi_3O_8$
Zusammensetzung: Kalium-Aluminium-Silicat
Kristallsystem: triklin
Hauptfundorte: Brasilien, GUS, Indien, Madagaskar, Namibia, USA
Tierkreiszeichen: Jungfrau
Chakras: Herz, Drittes Auge, Scheitel

Der Amazonit, auch Amazonenstein genannt, ist ein kupferhaltiger Feldspat. Das Kupfer gibt ihm seine grün-blaue Farbe. In Ägypten galt er als heiliger Stein.

Der Amazonit symbolisiert Klarheit, Aufgeschlossenheit, Ausgleich und Ruhe.

Der Amazonit
☐ beruhigt,
☐ gleicht das Nervensystem aus,
☐ heitert das Gemüt bei Depressionen auf und
☐ öffnet unser Herz, so daß die universelle Liebe wieder fließen kann.

Verwendung im Schmuck: Meist wird er in Cabochonform oder zu Kugelketten geschliffen.

Als Anhänger oder Kette getragen, unterstützt er den Energiefluß in der Wirbelsäule, stärkt das Herz- und Kehlchakra und hilft dadurch, Gefühle besser auszudrücken.

AMETHYST

Farbe: hellrot bis veilchenblau
Transparenz: durchsichtig
Härte: 7
Chemische Formel: SiO_2
Zusammensetzung: Kieselsäure
Kristallsystem: trigonal
Hauptfundorte: Brasilien, Madagaskar, Ural, Uruguay
Tierkreiszeichen: Wassermann, Fische, Jungfrau, Schütze, Steinbock
Chakras: Drittes Auge, Scheitel

Der Amethyst vereinigt das anregende Rot mit dem beruhigenden Blau zum harmonischen Violett. Er fördert spirituelles und schöpferisches Denken, beruhigt unsere Gedanken (guter Meditationsstein) und bringt Licht in unklare Probleme. Er wirkt besänftigend auf verhärtete Gemüter, weckt Demut, Menschenliebe und Freundschaft und hilft uns so bei der Umwandlung von der geistigen in die spirituelle Ebene.

Amethyst symbolisiert Spiritualität, Umwandlung, Glauben, Demut, Trauer und Menschenliebe. Im Bischofsring gefaßt, steht er für Vergeistigung und Reinheit.

Der Amethyst
☐ fordert uns auf, Gegensätze zu überwinden,
☐ hilft, die nächste Bewußtseinsstufe anzustreben,
☐ schenkt uns Ruhe und Entspannung,
☐ unterstützt einen tiefen Schlaf und
☐ stärkt unsere Menschenliebe.

Verwendung im Schmuck: Als Schmuck sollte er möglichst nahe am Herzen getragen werden, z.B. an einer längeren Kette oder als Brosche. Wenn wir den Amethyst benutzen, sei es als Stein, als Schmuck oder als Geschenk für andere Personen, sollten wir dies mit lauteren Absichten und reinen Gedanken tun.

AQUAMARIN

Farbe: hellgrüne bis blaßblaue Tönung
Transparenz: transparent
Härte: 7,5–8
Chemische Formel: $Al_2Be_3 (SiO_{18})$
Zusammensetzung: Beryllium-Tonerdesilikat
Kristallsystem: hexagonal
Hauptfundorte: Brasilien, Madagaskar, Südwestafrika, Ural
Tierkreiszeichen: Widder, Zwillinge, Wassermann, Fische
Chakras: Hals

Der echte Aquamarin ist dem blauen Edeltopas sehr ähnlich, denn die Farben variieren zwischen gleichmäßigem Hellblau bis zu Meerwassergrün. Durch Erhitzen wird der häufiger vorkommende grünliche Aquamarin rein blau gefärbt. Außerdem wird er aus Glas nachgeahmt oder synthetisch hergestellt.

Der Aquamarin symbolisiert Wasser, Meer, Beweglichkeit, Ausdruckskraft und Frieden.

Der Aquamarin
☐ wird bei Hautallergien, Magenbeschwerden, sowie bei Hals-, Zahn- und Rachenproblemen eingesetzt,
☐ fördert häusliches Glück und Frieden,
☐ stärkt Verständnis und Toleranz und
☐ klärt Gedanken und Gefühle.

Verwendung im Schmuck: Dieser herrliche Beryll entfaltet seinen Glanz in den Abendstunden, während er am Tag eher bescheiden wirkt. Oft wird er wie der Smaragd (ebenfalls ein Beryll) in Tafelform geschliffen und in einen Ring oder Anhänger gefaßt.

AVENTURIN

Farbe: Grün
Transparenz: halbdurchscheinend
Härte: 7
Chemische Formel: SiO_2
Zusammensetzung: Kieselsäure
Kristallsystem: trigonal
Hauptfundorte: Brasilien, Indien, Sibirien, Ural
Tierkreiszeichen: Wassermann, Widder, Stier, Löwe
Chakras: Herz

Man erkennt den Aventurin an seinen faserigen, metallisch flimmernden Einschlüssen (Hornblende, Chromglimmer).

Der Aventurin steht für Gelassenheit, Ruhe, Heiterkeit und Geduld.

Der Aventurin hilft uns:
☐ ins Gleichgewicht zu kommen,
☐ stressige Situationen mit innerer Ruhe und Gelassenheit zu bewältigen,
☐ seelische Spannungen zu lösen und
☐ mehr Freude und Heiterkeit in unser Leben zu bringen.

Verwendung im Schmuck: Dieser preiswerte Schmuckstein ist in Silber gefaßt sehr beliebt. Er hilft uns, als Anhänger oder ist Kette getragen, mehr auf unsere Gefühle zu achten, und bringt dadurch mehr Freude in unser Leben.

AZURIT

Farbe: hell- bis dunkelblau
Transparenz: durchsichtig bis opak
Härte: 3,5–4

Chemische Formel: $Cu_3(OH/CO_3)_2$
Zusammensetzung: Kupferkarbonat
Kristallsystem: monoklin
Hauptfundorte: Australien, Chile, Frankreich, Mexiko, Ural, USA, Zentralafrika
Tierkreiszeichen: Jungfrau, Schütze, Steinbock
Chakras: Hals, Drittes Auge

Manchmal tritt der Azurit zusammen mit Malachit auf, was ihm eine wunderschöne blau-grün marmorierte Farbe gibt. Mayas und Indianer benutzten diesen blauen Stein zur spirituellen Arbeit.
Azurit symbolisiert Einsicht, Verständnis, Ruhe und Kreativität.

Der Azurit
□ löst Blockaden,
□ stärkt die Konzentration,
□ klärt die Gedanken,
□ unterstützt die Meditation und
□ fördert die Intuition.

Verwendung im Schmuck: Da der Azurit weich ist, wird er meist in größeren Stücken angeboten. Zu Anhängern gefaßt oder als Kugelkette getragen, fördert er Intuition, Kreativität und Selbstvertrauen.

BERGKRISTALL

Farbe: klarer bis weißer Kristall (Quarz)
Transparenz: transparent bis opak
Härte: 7
Chemische Formel: SiO_2
Zusammensetzung: Kieselsäure
Kristallsystem: trigonal
Hauptfundorte: Arkansas, Brasilien, Deutschland, GUS, Japan, Madagaskar, Mexiko
Tierkreiszeichen: alle Zeichen
Chakras: alle Chakras

Bergkristalle sind oft transparent und klar wie Eis (Kristall = griech. für Eis). Quarz ist eines der häufigsten Mineralien der Erde.

Bergkristall symbolisiert Reinheit, Energie, Klarheit, Harmonie, Licht und Erkenntnis.
Der Bergkristall mit seinem klaren Licht ist sehr vielseitig.

Der Bergkristall
☐ wirkt energetisierend, harmonisierend und klärend,
☐ bietet Hilfe bei Blutungen, Durchfall und Augenleiden,
☐ da er sehr kraftvoll ist, sorgt er zwar für klare Träume, aber der Schlaf kann dadurch auch leichter und unruhiger werden,
☐ ist für alle Energiezentren geeignet,
☐ schenkt uns mehr Kreativität und
☐ sorgt für reine und klare Gedanken.

Verwendung im Schmuck: Bergkristallschmuck strahlt Klarheit, Reinheit und Harmonie aus. Wird der Bergkristall oft getragen, stärkt er die Intuition. Da dieser Kristall so vielseitig und beliebt ist, wird er in allen denkbaren Formen geschliffen und getragen.

BERNSTEIN

Farbe: Gelb bis rötlichbraun
Transparenz: durchsichtig bis opak
Härte: 2–2,5
Chemische Formel: $C_{10}H_{16}O$
Zusammensetzung: organisch
Kristallsystem: amorph
Hauptfundorte: Burma, Ostrußland, Ostpreußen, Rumänien, San Domingo
Tierkreiszeichen: Zwilling, Löwe, Jungfrau, Schütze, Wassermann
Chakras: Solarplexus

Dieses versteinerte Harz enthält manchmal Blätter und Insekten. Bernstein ist einer der ältesten Schmuck- und Heilsteine und erfreut durch sein sonniges goldgelbes Leuchten.
Bernstein symbolisiert Gelassenheit, Erfolg, Erdverbundenheit und die Sonne.

Der Bernstein
☐ wird bei Fieber, Asthma, Erkältung, Gallenleiden und für zahnende Babys eingesetzt,

□ reinigt den Organismus,
□ aktiviert den Geist,
□ stärkt die Intuition und
□ schützt, indem er negative Energien aufnimmt.

Verwendung im Schmuck: Bernstein hilft, unsere materiellen Ziele zu verwirklichen. Aber da er auch mit der Materie verbindet, ist er nicht immer und für alle Menschen geeignet. Spüren Sie intuitiv, ob und wann dieser schöne Stein für Sie angebracht ist. Bernstein wird oft als Kette, aber auch als Cabochon in Brosche, Anhänger oder Ring getragen.

CALCIT

Farbe: farblos, weiß, rot, gelb, orange, braun, rosa, grün, blau, schwarz
Transparenz: durchsichtig – undurchsichtig
Härte: 3
Chemische Formel: $CaCO_3$
Zusammensetzung: Calciumcarbonat
Kristallsystem: trigonal
Hauptfundorte: Europa, GUS, Kanada, USA, Mexiko
Tierkreiszeichen: Krebs
Chakras: alle Chakras (je nach Farbe)

Calcit (lat. *calx* = Kalk) ist ein sehr weicher Stein, der selten geschliffen wird. Er ist empfindlich gegen Stöße, Hitze, Wasser und Sonneneinstrahlung. Er wird in einer Vielzahl von unterschiedlichen Formen und Farben gefunden. Seine Besonderheit ist die doppelte Lichtbrechung. Legt man auf ein beschriftetes Blatt eine klare Calcitrhombe, sieht man durch sie die Schrift doppelt. Außerdem intensiviert er die Energien, die durch ihn fließen.

Calcit symbolisiert Klarheit, Lösung, Bewußtsein und Aufgeschlossenheit.

Klarer Calcit: Calcit ist der Stein zum Lernen und Studieren. Er befreit von alten Einstellungen und Mustern und öffnet den Geist für neue Eindrücke. Meditation und spirituelle Entwicklung werden gefördert.

Oranger Calcit: stärkt den Gefühlsausdruck und gleicht Gefühl und Verstand aus.

Gelb-goldener Calcit oder Honigcalcit: wirkt aktivierend und klärend auf Körper und Geist. Umbruchphasen werden leichter überwunden.

Grüner Calcit: öffnet das Herz für universelle (bedingungslose) Liebe und fördert die geistigen Lösungsprozesse, wenn z. B. Kindheitserinnerungen oder vergangene Erlebnisse in ein festgefahrenes Denken geführt haben.

Rosa Calcit: beruhigt und vermittelt liebevolle Gedanken und Empfindungen. Der rosa Calcit hilft die Liebe ins Alltagsleben einzubringen.

Blauer Calcit: beruhigt aufgewühlte Emotionen und Gedanken.

Verwendung im Schmuck: Da er sehr weich ist, wird der Calcit meist nur für Kugelketten verwendet.

CHALZEDON

Farbe: weiß bis hellblau, gelblich, rot, rosa
Transparenz: durchscheinend bis opak
Härte: 6,5–7
Chemische Formel: SiO_2
Zusammensetzung: Kieselsäure
Kristallsystem: trigonal
Hauptfundorte: Brasilien, Indien, Madagaskar, Sibirien, Südwestafrika, Uruguay, USA
Tierkreiszeichen: Fische, Zwillinge, Schütze
Chakras: Hals

Unter Chalzedon versteht man sowohl eine ganze Steingruppe, die zum Beispiel Achat, Chrysopras und Jaspis umfaßt, als auch den graublauen Chalzedon. Bei diesem unterscheidet man wiederum zwischen dem Streifenchalzedon (weißlich-graublauer Achat mit Streifen) und dem durchscheinend-blauen Chalzedon.

Chalzedon symbolisiert Ruhe, Gelassenheit, Rednergabe und Ausdruckskraft.

Der Chalzedon
- ☐ hilft, Hemmungen abzubauen und unsere Gedanken besser auszudrücken,
- ☐ stillt Blutungen,
- ☐ lindert Halsprobleme,
- ☐ gibt Gelassenheit und
- ☐ Ruhe.

Verwendung im Schmuck: Der Rednerstein, wie er auch genannt wird, hilft, als Anhänger getragen, unsere Ideen gut zu formulieren und auch vor größeren Versammlungen zu reden. Chalzedonschmuck vermittelt Ruhe und Gelassenheit.

CHAROIT

Farbe: fliederfarben bis violett, mit schwarzen Einschlüssen
Transparenz: undurchsichtig
Härte: 5,5–6
Chemische Formel: $K(Ca,Na)_2 (OH,F)/Si_4O_{10} H_2O$
Zusammensetzung: Komplexes, faseriges Aggregat
Kristallsystem: monoklin
Hauptfundorte: Ostsibirien
Tierkreiszeichen: Schütze, Skorpion, Wassermann
Chakras: Drittes Auge, Scheitel

Der Charoit ist ein sehr seltener Stein, der nur in Ostsibirien (beim Fluß Charo) vorkommt. Neben dem schönen Violett erkennt man ihn noch an seinen weißen und schwarzen Einschlüssen. Charoit besteht aus verschiedenen Mineralien.

Charoit symbolisiert Toleranz, Erkenntnis, Inspiration, Beweglichkeit und Transformation.

Der Charoit
- ☐ stärkt Augen, Immunsystem, Leber und Herz,
- ☐ lehrt Liebe, Toleranz und Verständnis,
- ☐ fördert die geistige und spirituelle Entwicklung
- ☐ sowie die Intuition.

Verwendung im Schmuck: Charoit wird meist halbrund oder als Kugel geschliffen. Als Anhänger oder Kette getragen, öffnet er unser Herz für universelle, bedingungslose Liebe und hilft uns dadurch, unsere Mitmenschen so zu akzeptieren, wie sie sind.

CHRYSOKOLL

Farbe: leuchtendes Grün-Blau, türkis
Transparenz: opak
Härte: 2
Chemische Formel: $CuSiO_3 \cdot nH_2O$
Zusammensetzung: Kupfersilikat
Kristallsystem: mikrokristallin
Hauptfundorte: Chile, GUS, Italien, Liparische Inseln, USA, Zaire
Tierkreiszeichen: Stier, Zwillinge, Jungfrau, Schütze, Wassermann
Chakras: Herz, Hals

Dieser weiche kupferhaltige Stein ist dem Türkis sehr ähnlich. Manchmal enthält der Chrysokoll auch Kristalldrusen. Besonders selten ist die durchscheinende türkisblaue Variante des Chrysokolls, sie wird Gem Silica genannt.

Der Chrysokoll symbolisiert Ausgleich, Gelassenheit, Natur, Meer, Pflanzen, Erde und Harmonie.

Der Chrysokoll
☐ wird für Arterien, Nerven, Schilddrüse, Haare, Herz, Lunge und Magen eingesetzt,
☐ bringt Frieden, Güte und Toleranz,
☐ stärkt die innere Stimme,
☐ schenkt Ausdauer und Gelassenheit.

Verwendung im Schmuck: Chrysokoll wird meist in Cabochonform oder als Kugel geschliffen. Gem Silica wird manchmal sogar facettiert. Dieser ausdrucksstarke Stein bringt uns der Natur näher und vermittelt so mehr Ruhe und Stärke.

CHRYSOPRAS

Farbe: apfelgrün, goldgrün
Transparenz: durchscheinend bis undurchsichtig
Härte: 7

Chemische Formel: SiO$_2$+Ni
Zusammensetzung: Kieselsäure
Kristallsystem: trigonal
Hauptfundorte: Afrika, Australien, Brasilien, GUS, Indien, Madagaskar, USA
Tierkreiszeichen: Stier, Waage
Chakras: Herz

Diese Chalzedonvariante beeindruckt besonders durch ihr erfrischendes Apfelgrün.
Der Chrysopras symbolisiert Frische, Klarheit, Frieden, Freude und Harmonie.

Der Chrysopras
☐ erquickt Herz und Gemüt mit seiner frischen Farbe,
☐ schenkt Entspannung, Ausgleich und Harmonie,
☐ macht uns bewußter und anpassungsfähiger und
☐ bringt geistige Klarheit.

Verwendung im Schmuck: Chrysoprasketten ziehen durch ihre Schönheit die Blicke auf sich und verleihen ihrem Träger Ruhe und Klarheit. Auch als Ringe und Anhänger gefaßte Cabochons sind sehr attraktiv.

CITRIN

Farbe: goldfarben, gelb bis dunkelbraun
Transparenz: transparent
Härte: 7
Chemische Formel: SiO$_2$
Zusammensetzung: Kieselsäure
Kristallsystem: trigonal
Hauptfundorte: Brasilien, Großbritannien, GUS, Madagaskar, Spanien, USA
Tierkreiszeichen: Widder, Stier, Zwillinge, Löwe, Jungfrau, Waage
Chakras: Solarplexus

Naturcitrin ist verhältnismäßig selten und teuer, daher werden die meisten Citrine aus Amethyst oder Rauchquarz gebrannt. Da

Citrin in vielen goldgelben bis braunen Farben vorkommt, kann er leicht mit dem Goldtopas verwechselt werden.

Citrin symbolisiert Sonne, Licht, Vertrauen, Zärtlichkeit und Kreativität.

Der Citrin
- [ ] regt an,
- [ ] wird bei Diabetes, Depressionen und Verdauungsproblemen eingesetzt,
- [ ] vermittelt ein Gefühl von Sicherheit und Geborgenheit,
- [ ] hilft bei Verspannungen, Streß und Prüfungen,
- [ ] schenkt positive, lichte Energie und
- [ ] fordert uns auf, unsere eigene Sonne strahlen zu lassen.

Verwendung im Schmuck: Citrin wird außer als Kugel und Cabochon gerne facettiert geschliffen. Citrinschmuck bringt mehr Freude ins Leben und hilft uns dadurch, unsere Pläne leichter zu verwirklichen.

COELESTIN

Farbe: farblos, weiß, blau, rötlich, grünlich, bräunlich; hauptsächlich weißlich-blau
Transparenz: durchsichtig – durchscheinend
Härte: 3–3,5
Chemische Formel: $SrSO_4$
Zusammensetzung: Strontium-Sulfat
Kristallsystem: rhombisch
Hauptfundorte: Portugal, Schweden, USA, Australien, Madagaskar
Tierkreiszeichen: Zwillinge, Steinbock
Chakras: Hals, Drittes Auge

Der Coelestin ist meist weißlich-blau bis hellblau und wird oft als Kristallgruppe oder Geode gefunden. Da er sehr weich und zerbrechlich ist, sieht man ihn selten in geschliffener Form.

Coelestin symbolisiert Entspannung, Harmonie, Beruhigung und Kreativität.

Der Coelestin
- ☐ bringt Licht und Harmonie in schmerzende oder verspannte Körperzonen,
- ☐ lindert Kopfschmerzen,
- ☐ unterstützt die Verdauung,
- ☐ beruhigt den Geist,
- ☐ fördert die Kreativität und
- ☐ ist ein guter Meditationsstein.

Verwendung im Schmuck: Da er sehr weich ist, wird er kaum als Schmuck im Handel angeboten.

DIAMANT

Farbe: durchsichtig klar, gelblich, rötlich, bräunlich, bläulich, schwarz
Transparenz: transparent
Härte: 10
Chemische Formel: C
Zusammensetzung: Kohlenstoff
Kristallsystem: kubisch
Hauptfundorte: Australien, Afrika, Brasilien, GUS, Indien
Tierkreiszeichen: Widder, Stier, Löwe, Steinbock
Chakras: alle Chakras, insbesondere Scheitelchakra

Der Diamant ist der einzige Edelstein, der nur aus einem Element besteht, dem Kohlenstoff. Er ist der härteste aller Steine. Diese Einzigartigkeit wirkt sich auch in seiner Schwingung aus, die sehr klar, herausfordernd und bestimmend ist.

Bereits im Altertum galt seine Wirkung als unübertroffen. Er wurde »adamas«, das heißt der Unbezwingbare, genannt. Er sollte zu Macht und Charakterstärke verhelfen, den besten Schutz gewähren und den Frieden erhalten.

Der Diamant steht für Sonne, Klarheit, Macht, Reinheit, Würde, Einheit und Erleuchtung.

Der Diamant hilft,
- ☐ Klarheit und Erkenntnis zu erlangen,
- ☐ unsere Schattenseiten zu erkennen und anzunehmen und
- ☐ zu mehr Selbstachtung und Würde zu finden.

Verwendung im Schmuck: Als Brillant oder in einer anderen facettierten Form geschliffen, zeigt der Diamant besonders gut seine starke Lichtbrechung. Er funkelt und glitzert und reflektiert die Farben seiner Umgebung. Er verstärkt die Wirkung anderer Edelsteine, mit denen er verarbeitet wird. Wer bereit ist, sich weiter zu entwickeln und seine Schwächen zu überwinden, dem schenkt der Diamant Kraft und Klarheit. Oft wird Diamantschmuck auch zum Zeichen der Treue und Liebe verschenkt.

Dumortierit

Farbe: tiefblau, violettblau, rotbraun
Transparenz: undurchsichtig
Härte: 7
Chemische Formel: $Al_7O_3/BO_3/(SiO_4)_3$
Zusammensetzung: Aluminium-Borat-Silicat
Kristallsystem: rhombisch
Hauptfundorte: Brasilien, Ceylon, Kanada, Madagaskar, Namibia, USA, Frankreich, Polen
Tierkreiszeichen: Löwe, Steinbock, Fische
Chakras: Hals, Drittes Auge, Scheitel

Dumortierit ist meist blau, manchmal violettblau und wächst in faserigen oder körnigen Aggregaten (Massen). Als Kristall ist er eher selten.

Dumortierit symbolisiert Ruhe, Geduld, Partnerschaft und Realität.

Der Dumortierit
□ beruhigt und gleicht aus,
□ macht uns unsere Schattenseiten bewußt,
□ stärkt Intuition und Ausdruckskraft,
□ lehrt Toleranz und Nachsicht und
□ hilft uns dadurch, Partnerschaften harmonischer zu gestalten.

Verwendung im Schmuck: Matte und polierte Dumortieritketten in verschiedenen Blautönen sind sehr attraktiv und schenken Ruhe, Harmonie und Geduld.

FALKENAUGE

Farbe: blaugrau bis blaugrün
Transparenz: undurchsichtig
Härte: 7
Chemische Formel: SiO_2
Zusammensetzung: Siliciumdioxid mit Einlagerung von Krokydolith
Kristallsystem: trigonal
Hauptfundorte: zusammen mit Tigerauge in Südafrika
Tierkreiszeichen: Steinbock, Wassermann
Chakras: Basis, Drittes Auge

Falkenauge ist blaugrau bis blauschwarz und hat einen irisierenden Flächenschimmer auf der Oberfläche. Besonders als Cabochon geschliffen, zeigt er schmale Lichtstreifen auf der Oberfläche, die an das Auge eines Falken erinnern.

Dieser dunkelblaue Stein symbolisiert Überblick, Achtsamkeit und Geistesschärfe.

Das Falkenauge
☐ stärkt die Augen, den Knochenbau und die Atmungsorgane,
☐ vermittelt Harmonie und Toleranz,
☐ verhilft zu einer besseren Intuition und
☐ fördert die Aufmerksamkeit.

Verwendung im Schmuck: Wegen seines Schimmereffekts wird das Falkenauge gerne als Kette oder halbrund geschliffener Schmuckstein getragen.

FEUEROPAL

Farbe: orange bis feurig rot
Transparenz: durchscheinend
Härte: 5–6,5
Chemische Formel: $SiO_{2n} \cdot nH_2O$
Zusammensetzung: wasserhaltige Kieselsäure
Kristallsystem: amorph
Hauptfundorte: Australien, Brasilien, Mexiko, Türkei, USA

Tierkreiszeichen: Widder, Krebs, Löwe, Waage, Schütze, Fische
Chakras: Wurzel, Sakral, Solarplexus

Dieser Opal symbolisiert mit seinem feurigen Orange oder Rot Energie, Kraft, Humor, Wechsel und Fortschritt.

Der Feueropal
□ löst körperliche und seelische Blockaden,
□ schenkt Vitalität, Kraft und Ausdauer,
□ vermittelt Humor, Einsicht und Flexibilität und
□ macht uns unsere Lebensaufgabe bewußter.

Verwendung im Schmuck: Dieser anregende Stein wird gerne in facettierter und halbrunder Form als Ring und Anhänger getragen. Auch als Kugelkette vermittelt er Feuer und Energie.

FLUORIT

Farbe: violett, blau, gelb, weiß, grün, orange
Transparenz: transparent
Härte: 4
Chemische Formel: CaF_2
Zusammensetzung: Calziumdifluorit
Kristallsystem: kubisch
Hauptfundorte: Brasilien, China, Deutschland, England, Frankreich, Spanien
Tierkreiszeichen: Steinbock, Wassermann, Fische
Chakras: alle Chakras, entsprechend der Farbe

Dieser fluorhaltige Flußspat kommt oft als Oktaeder, der doppelten Pyramidenform, vor. Er erfreut besonders durch seine Farbenvielfalt. Manchmal sind sogar verschiedene Farbschichten in einem Stein enthalten.

Fluorit symbolisiert Erkenntnis, Verantwortung, Lösung und Ordnung.

Der Fluorit
□ hilft uns Illusionen zu durchschauen,
□ unterstützt geistige Arbeit,
□ bringt Erkenntnis, Ordnung und Ruhe und
□ fördert dadurch unsere geistige Entwicklung.

Verwendung im Schmuck: Da Fluorit sehr weich ist, wird er selten als Schmuckstein geschliffen und gefaßt. Meist wird er als verschiedenfarbige Kette getragen.

GRANAT

Farbe: mehrere Farben, häufig tiefrot
Transparenz: transparent bis opak
Härte: 7–7,5
Chemische Formel: $Mg_3Al_2Si_3O_{12}$ oder $Ca_3Al_2Si_3O_{12}$
Zusammensetzung: Magnesiatonerdesilikat oder Kalk-Aluminium-Silikat
Kristallsystem: kubisch
Hauptfundorte: Arizona, Australien, Brasilien, GUS, Indien, Madagaskar, Südafrika, USA
Tierkreiszeichen: Widder, Löwe, Jungfrau, Skorpion, Steinbock, Wassermann
Chakras: alle Chakras, entsprechend den Farben

Obwohl der Granat in verschiedenen Farben vorkommt, ist er hauptsächlich als tiefroter transparenter Stein bekannt. Aber auch beim roten Granat unterscheidet man verschiedene Varianten, wie Almandin, Pyrop und Spessartin. Früher wurde er auch als Karfunkel bezeichnet.

Granat symbolisiert Liebe, Lebenskraft, Freude, Aktivität und Mut.

Der Granat
□ stärkt den Kreislauf, die Fortpflanzungsorgane und den Stoffwechsel,
□ wird bei Depressionen, bei Rheuma und Arthritis eingesetzt,
□ wirkt aufbauend und anregend,
□ schenkt uns Freude und Lebenskraft und
□ fördert unser Selbstwertgefühl.

Verwendung im Schmuck: Der rote Granat wurde schon früher als Schmuckstein geschätzt. Man fertigte oft auch komplette Schmucksets, wie Ring, Collier, Armband, Brosche, Ohrringe und Diadem, meist in Silber gefaßt. Denn der Granat ist ein preiswerter

Edelstein. Heute wird er auch gerne mit Gold verarbeitet. Granatschmuck regt uns an, neue Aufgaben zu übernehmen und mutig unsere Ideen zu verwirklichen.

HÄMATIT

Farbe: braunrot bis silberschwarz glänzend
Transparenz: opak
Härte: 5,5–6,5
Chemische Formel: Fe_2O_3
Zusammensetzung: kristallisiertes Eisenoxid
Kristallsystem: trigonal
Hauptfundorte: Australien, Brasilien, England, Indien, Schweden, USA
Tierkreiszeichen: Widder, Skorpion, Wassermann
Chakras: Fuß, Wurzel

Beim Schleifen zeigt dieser schwarz-silbrig glänzende, eisenhaltige Stein seine eigentliche Farbe, denn das Schleifwasser färbt sich blutrot. Daher wird er auch Blutstein (*Haima* = griech. für Blut) genannt.

Hämatit symbolisiert Aktivität, Blut, Tatkraft, Stärke und Mut. Er gehört in unserer technischen Zeit deshalb zu den wichtigen Steinen.

Der Hämatit
□ regt die Blutbildung und das Nervensystem an,
□ wirkt aktivierend und stärkend,
□ ist sehr hilfreich nach Operationen und Krankheiten,
□ er fördert die Genesung und
□ stärkt den Willen und die Widerstandskraft.

Verwendung im Schmuck: Da er preisgünstig ist, wird er oft als Modeschmuck verarbeitet, aber man findet ihn auch gediegen in Gold gefaßt. Wegen seiner stärkenden Eigenschaften ist er bei allen Altersgruppen beliebt.

HELIOTROP (BLUTJASPIS)

Farbe: dunkelgrün mit roten Einschlüssen
Transparenz: opak
Härte: 7
Chemische Formel: SiO_2 + Fe
Zusammensetzung: Kieselsäure
Kristallsystem: trigonal
Hauptfundorte: Australien, Brasilien, China, Indien, Nordafrika, Sibirien, Wyoming
Tierkreiszeichen: Widder, Löwe, Jungfrau, Waage, Skorpion, Fische
Chakras: Wurzel, Herz

Man erkennt diesen dunkelgrünen Chalzedon an seinen roten, eisenhaltigen Einschlüssen. Wegen dieser roten Stellen und seiner für das Blut förderlichen Eigenschaften wird er auch Blutjaspis und in Amerika »bloodstone« genannt.

Der Heliotrop symbolisiert Mitgefühl, Heilung, Zentrierung und Erneuerung.

Der Blutjaspis
□ wirkt reinigend, entgiftend und ausgleichend,
□ wird für Blut, Leber, Nieren und Milz eingesetzt,
□ lehrt uns Sexualität und Liebe in Einklang zu bringen,
□ stärkt Intellekt und Entscheidungskraft.

Verwendung im Schmuck: Heliotrop wird gerne für Herrenringe sowie für Ketten verwendet. Er unterstützt das körperliche Wohlbefinden sowie die geistige Reinigung und Klarheit.

JADE (JADEIT)

Farbe: verschiedene Farben, oft grün
Transparenz: opak
Härte: 6,5–7
Chemische Formel: $NaAl\,(Si_2O_6)$
Zusammensetzung: Natriumtonerdesilikat
Kristallsystem: monoklin
Hauptfundorte: Australien, Birma, China, Japan, Mexiko, USA

Tierkreiszeichen: Widder, Krebs, Löwe, Fische
Chakras: Herz, entsprechend der Farbe auch andere Chakras

Unter Jade versteht man die Varianten Jadeit (grün, violett, schwarz, gelb, braun), Nephrit (hauptsächlich verschiedene Grüntöne, schwarz, grau, rosa) und Chloromelanit (hellgrün mit schwarzen Punkten). Meist meint man jedoch den grünen Jadeit, wenn man von Jade spricht.

Besonders in China, wo Schnitzereien und herrliche Schmuckstücke aus ihr hergestellt werden, wird die Jade hochgeschätzt. Bei den Mayas galt Jade als Stein der Harmonie.

Jade steht für Fröhlichkeit, Glück, Erneuerung, Harmonie und Freude.

Jade
☐ ist gut für die Meditation,
☐ unterstützt die Traumarbeit und macht Träume bewußter,
☐ vermittelt Frieden, Harmonie und Freude,
☐ stärkt und erfrischt das Herz,
☐ entspannt die Nerven,
☐ fördert den erholsamen Schlaf und
☐ erfrischt unsere Gedanken und Gefühle.

Verwendung im Schmuck: Jade ist sehr zäh und widerstandsfähig und wird daher gerne zu Schmuck verarbeitet. In China gilt Jade als Glücksstein. Als Ring (meist im Cabochonschliff), Anhänger oder Kette vermittelt Jade Klarheit, Harmonie und Freude.

JASPIS

Farbe: grau, braun, blau, grün, gelb, orange, rot; meistens gefleckt
Transparenz: undurchsichtig
Härte: 6,5–7
Chemische Formel: SiO_2
Zusammensetzung: Siliciumdioxid
Kristallsystem: trigonal
Hauptfundorte: Indien, GUS, USA, Frankreich, Deutschland
Tierkreiszeichen: Widder, Löwe, Skorpion, Steinbock, Wassermann
Chakras: Basis

Jaspis ist eine meist gesprenkelte Chalzedonart, die in vielen Farben vorkommt. Seine Muster und Farben entstehen durch Einschlüsse von Eisen, Mangan und anderen Elementen. Die braunrote bis rote Variante, Silex genannt, enthält oxidiertes Eisen.

Jaspis symbolisiert Verbundenheit zur Erde, Realität, Willensstärke, Kreativität, Mut und Aktivität.

Jaspis lehrt uns,
□ allzu heftige Gefühle auszugleichen,
□ mehr auf uns selbst zu vertrauen,
□ unsere Entwicklungschancen zu erkennen und
□ auf unsere innere Führung zu vertrauen.

Verwendung im Schmuck: Jaspis wird oft als Perlenkette oder als gefaßter Cabochon, sowohl als Ring oder auch als Anhänger, getragen. Er schützt und stärkt seinen Träger.

KARNEOL

Farbe: orange bis dunkelrot
Transparenz: durchscheinend
Härte: 7
Chemische Formel: SiO_2
Zusammensetzung: Kieselsäure
Kristallsystem: trigonal
Hauptfundorte: Brasilien, Indien, Japan, Nordafrika, Sibirien, Uruguay
Tierkreiszeichen: Widder, Zwilling, Krebs, Löwe, Jungfrau
Chakras: Wurzel, Sakral

Karneol ist ein Mitglied der Chalzedongruppe. Mit dem in alten Texten erwähnten Sarder war manchmal der Karneol gemeint, da beide Steine sehr schwer zu unterscheiden sind.

Karneol steht für Ausdauer, Aktivität, Vitalität, Kreativität und Unternehmungslust.

Der Karneol
□ fördert die Verdauung,
□ erleichtert die Konzentration,

☐ steigert Leistungsfähigkeit, Vitalität, Kreativität und
☐ Antriebskraft.

Verwendung im Schmuck: Früher wurde der Karneol gerne für Steingravuren verwendet. Heute wird er oft als Kette oder als halbrund geschliffener Schmuckstein getragen.

KORALLE

Farbe: rosa, rot, weiß
Transparenz: opak
Härte: 3–4
Chemische Formel: $CaCO_3$
Zusammensetzung: Kalziumkarbonat
Kristallsystem: trigonal, mikrokristallin
Hauptfundorte: Australien, Golf von Biskaya, Hawaii, Japan, Malaiischer Archipel, Mittelmeer
Tierkreiszeichen: Stier, Krebs, Waage, Skorpion, Wassermann, Fische
Chakras: Basis (rot), Herz (rosa), Hände (weiß)

Korallen sind die kalkhaltigen Gerippe kleiner Meerestiere, die zu einem Stock zusammengewachsen sind. Ihre sich verästelnden Gebilde breiten sich zu Riffen und sogar zu Inseln aus. Die Koralle lehrt uns, daß auch in fest gefügten Strukturen Bewegung und Entwicklung möglich ist und daß die Gemeinschaft das Individuum braucht und fördert.

Koralle symbolisiert Freude, Gemeinschaftssinn, Verbundenheit und Lebenskraft.

Die Koralle
☐ wird bei Blutarmut, Depressionen und Mangelerscheinungen eingesetzt,
☐ fördert Harmonie, Kreativität und Schönheit,
☐ lehrt uns mehr Freude in den Alltag zu bringen und
☐ Gemeinschaftssinn und Toleranz zu entwickeln.

Verwendung im Schmuck: Korallen werden sowohl in ihrer ursprünglichen Form, als Kette von Stäbchen oder Bäumchen oder als Kugelkette getragen. Korallenschmuck aktiviert und macht uns unsere Emotionen bewußter.

Durch zu starken Korallenabbau versinken ganze Inseln im Meer. Entscheiden Sie daher selbst, ob Sie Koralle kaufen oder eventuell auf einen anderen Stein ausweichen.

KUNZIT

Farbe: rosa bis violett
Transparenz: transparent
Härte: 6–7
Chemische Formel: $LiAlSi_2O_6$
Zusammensetzung: Lithium-Aluminium-Silicat
Kristallsystem: monoklin
Hauptfundorte: Afghanistan, Burma, Brasilien, Kalifornien, Madagaskar
Tierkreiszeichen: Stier, Löwe, Waage, Skorpion, Fische
Chakras: Herz

Der rosafarbene Kunzit ist wie der gelb-grüne Hiddenit ein Spodumen. Man erkennt ihn an seinen Längsstreifen und seinem leicht violett getönten Rosa.

Kunzit symbolisiert Geradlinigkeit, Einfachheit, Beständigkeit und Toleranz.

Der Kunzit

☐ hilft bei Durchblutungsstörungen, Lungenproblemen und Energieblockaden,

☐ fördert Ausdauer, Geradlinigkeit und Beständigkeit,

☐ führt uns zu mehr Bewußtheit und Toleranz,

☐ stärkt das Durchsetzungsvermögen und

☐ unterstützt uns dadurch bei der Durchführung unserer Aufgaben.

Verwendung im Schmuck: Kunzit wird gerne in Tafel- oder Ovalform geschliffen und in Gold gefaßt. Als Ring oder Anhänger hilft er uns mit seiner geradlinigen und harten Ausstrahlung, einfach, beständig und ausdauernd zu werden.

LABRADORIT

Farbe: dunkelgrau bis grauschwarz, mit buntem Farbenspiel
Transparenz: durchscheinend bis undurchsichtig
Härte: 6–6,5
Chemische Formel: $NaAlSi_3O_8CaAl_2Si_2O_8$
Zusammensetzung: Natrium-Calcium-Aluminium-Silicat
Kristallsystem: triklin
Hauptfundorte: Australien, Kanada, Madagaskar, Mexiko, GUS, USA
Tierkreiszeichen: Schütze, Skorpion, Löwe
Chakras: Hals, Drittes Auge, Scheitel

Der Labradorit wurde 1770 in Labrador/Kanada entdeckt. Bewegt man diesen Stein aus der Feldspatgruppe im richtigen Winkel, flammen auf seiner Oberfläche blaue, grüne, rote und goldene Metallicfarben auf. Man nennt dies labradorisieren.

Labradorit symbolisiert Kreativität, Intuition, Gefühl und den Mond.

Der Labradorit
☐ fördert Verdauung und Stoffwechsel,
☐ aktiviert das Gehirn,
☐ hilft bei Streß und Anspannung,
☐ macht uns unsere Lebensaufgabe bewußter und
☐ regt unsere Kreativität und Intuition an.

Verwendung im Schmuck: Labradorit und auch sein Verwandter, der Spektrolith, werden gerne halbrund oder als Platte geschliffen, weil dadurch ihr Farbenspiel besonders gut zur Geltung kommt. Auch als Kette werden sie häufig verarbeitet und getragen. Labradorit wird oft in Silber gefaßt, das ja auch den Mond symbolisiert.

LAPISLAZULI

Farbe: königsblau, durchzogen mit goldenen Pyriteinschlüssen
Transparenz: opak
Härte: 5–5,5
Chemische Formel: $Na_8 (S / (AlSiO_4)_6)$

Zusammensetzung: Natrontonerdesilikat
Kristallsystem: kubisch
Hauptfundorte: Afghanistan, Burma, Baikalsee, Chile
Tierkreiszeichen: Jungfrau, Schütze
Chakras: Drittes Auge, Krone

Dieser königliche Stein wurde in vielen alten Kulturen besonders geschätzt, denn er strahlt Würde und Weisheit aus. Geistig schaffende Menschen unterstützt er bei der Arbeit und ist hilfreich bei der wissenschaftlichen Forschung.

Lapislazuli gilt als Symbol für Inspiration, Erkenntnis, Ruhe und Klarheit.

Der Lapislazuli
☐ bringt Klarheit in die Gedanken,
☐ läßt uns unsere Lebensaufgabe erkennen,
☐ ist hilfreich bei der Meditation,
☐ fördert den Idealismus und
☐ erleichtert die Arbeit mit anderen Menschen.

Verwendung im Schmuck: Als Stein der Weisheit beruhigt er den Geist, führt uns zu unserem tieferen Selbst und bringt neue Inspirationen. Er wird gerne als Cabochon in einem Ring oder Anhänger gefaßt oder als Kette getragen.

LARIMAR

Farbe: blau mit weiß, manchmal mit rot oder grün
Transparenz: opak
Härte: 5–7
Chemische Formel: $HNaCa_2(SiO_3)_3$
Zusammensetzung: Sodium-Calcium-Silicat
Kristallsystem: triklin
Hauptfundorte: Dominikanische Republik
Tierkreiszeichen: Löwe
Chakras: Herz, Hals, Drittes Auge, Scheitel

Dieser blaue Pektolit in Edelsteinqualität wird nur auf den Dominikanischen Inseln gefunden und ist daher sehr selten. Kupfereinschlüsse bewirken seine herrliche, meerblaue Farbe, Calcit gibt die weißen Einschlüsse, und die roten Stellen werden durch Hämatit verursacht.

Larimar symbolisiert Ruhe, Klarheit, Weite und Überwindung von Grenzen.

Der Larimar
□ wird bei Entzündungen und Blockaden eingesetzt,
□ hilft neue Gedanken zu formulieren,
□ bringt Gedanken und Gefühle in Einklang,
□ regt uns dazu an, selbstgesteckte Grenzen zu überwinden und
□ alte Denkgewohnheiten loszulassen.

Verwendung im Schmuck: Larimar wird als Anhänger, Kette, Ohrring und Ring getragen. Er ist aufgrund seiner Seltenheit nicht sehr preiswert, wird aber wegen seiner wunderschönen hellblauen Farbe und seiner leichten Schwingung gerne gekauft.

MAGNETIT

Farbe: schwarz glänzendes, magnetisches Mineral
Transparenz: opak
Härte: 6–6,5
Chemische Formel: Fe_3O_4
Zusammensetzung: Magneteisenerz
Kristallsystem: kubisch
Hauptfundorte: Schweden, Ural, USA
Tierkreiszeichen: Widder, Jungfrau, Skorpion, Steinbock, Wassermann
Chakras: Fuß, Wurzel

Dieses eisenhaltige Mineral ist magnetisch und wird auch in Oktaederform gefunden.

Magnetit symbolisiert Energie, Freiheit, Ausgleich und Lösung.

Der Magnetit
□ wird bei Rheuma, Knochenbrüchen, Nervenschmerzen und zur Blutreinigung eingesetzt,
□ spendet Energie und Wärme,
□ stärkt und stabilisiert,

☐ hilft schlechte Eigenschaften aufzugeben und
☐ die Gefühle auszubalancieren.

Verwendung im Schmuck: Magnetit wird meist in Oktaederform gefunden und so als Anhänger getragen.

MALACHIT

Farbe: hell- bis dunkelgrün, durchzogen mit Wellenmustern
Transparenz: opak
Härte: 3,5–4
Chemische Formel: $Cu_4((OH)_2/CO_3)$
Zusammensetzung: Kupferkarbonat
Kristallsystem: monoklin
Hauptfundorte: Arizona, Australien, Chile, Ural, Zentralafrika
Tierkreiszeichen: Stier, Skorpion, Steinbock
Chakras: Herz

Die schönen wellenförmigen Muster sind typisch für diesen tiefgrünen kupferhaltigen Stein. Er wird auch zusammen mit Azurit und mit Chrysokoll gefunden. Wegen seiner Schönheit, sowie seiner heilenden und entgiftenden Wirkung war der Malachit schon immer sehr begehrt.

Malachit symbolisiert Harmonie, Mitgefühl, Verständnis, Heilung und Wachstum.

Der Malachit
☐ nimmt negative Energien auf,
☐ reinigt die Aura,
☐ stärkt Herz, Nieren und Verdauung,
☐ löst gestaute Gefühle und
☐ fördert Mitgefühl und Verständnis.

Verwendung im Schmuck: Meist werden etwas größere Steine zu Schmuck verarbeitet, damit man das herrliche Muster sehen kann. Malachitschmuck schützt und unterstützt die Konzentration und den Gefühlsausdruck.

MOLDAVIT

Farbe: flaschengrün bis braungrün
Transparenz: durchsichtig bis durchscheinend
Härte: 6,5–7
Chemische Formel: $SiO_2(+Al_2O_3)$
Zusammensetzung: Siliciumdioxid (+ Aluminiumoxid)
Kristallsystem: amorph
Hauptfundorte: Tschechische Republik
Tierkreiszeichen: alle
Chakras: Herz, Hals, Drittes Auge, Scheitel

Vor ca. 15 Millionen Jahren raste aus den Fernen des Weltraums ein Meteorit auf die Erde zu und schlug im heutigen Gebiet der Moldau (Tschechoslowakische Republik) ein. Die unvorstellbare Hitze verdampfte das vorhandene Gestein und verband es mit dem Meteoriten. Wieder abgekühlt und verfestigt, ergab es flaschengrüne Tektiten (griech. tektos = geschmolzen), Naturglas, das nach seinem Fundort Moldavit genannt wird. Er hat eine rauhe, narbige Oberfläche und wird meist in Stücken bis zu einer Größe von 3 cm gefunden.

Moldavit symbolisiert Heilung, Einsicht, Erkenntnis, Kosmos und geistiges Wachstum.

Der Moldavit hilft,
☐ höhere spirituelle Ebenen zu erreichen,
☐ die Lebensaufgaben zu erkennen,
☐ Blockaden und überholte Gedankenmuster loszulassen und
☐ zu neuen Einsichten zu gelangen.

Verwendung im Schmuck: Dieser klare grüne Tektit wird sowohl so getragen, wie er in der Natur gefunden wird, als auch in Fantasieformen oder als facettierter Stein geschliffen. Gerne wird er auch mit anderen Steinen kombiniert. Manchmal werden sogar Symbole, Gesichter, Tiere und Figuren in den Moldavit graviert. Da dieser Stein aus dem Weltraum sehr anspruchsvoll ist, sollten Sie immer nachspüren, ob er augenblicklich für Sie geeignet ist.

MONDSTEIN (ADULAR)

Farbe: milchig-weiß-blau, rosa, orange, grau
Transparenz: transparent bis opak, irisierend
Härte: 6
Chemische Formel: $(K,NA)-AlSi_3O_8$
Zusammensetzung: Kalitonerdesilikat
Kristallsystem: monoklin
Hauptfundorte: Australien, Birma, Brasilien, Ceylon, Indien, Madagaskar, USA
Tierkreiszeichen: Krebs, Waage, Skorpion, Fische
Chakras: Kehle, andere der Farbe entsprechend

Dieser oft milchig-weiße Feldspat erinnert an das Licht des Mondes. Zuweilen entdeckt man in seinem Inneren einen herrlichen Regenbogen. Er wirkt sehr beruhigend und ausgleichend und macht uns Gefühle und unsere weibliche, passive, träumerische Seite bewußter.

Mondstein symbolisiert Weiblichkeit, Mond, Träume, Hoffnung, Intuition und Neuanfang.

Der Mondstein
- gleicht Spannungen aus,
- fördert einen angenehmen Schlaf mit aufschlußreichen Träumen,
- weckt die intuitiven, kreativen und weiblichen Seiten in uns,
- beruhigt, harmonisiert und
- macht uns unsere Gefühle bewußter.

Verwendung im Schmuck: Mondstein wird gerne als Anhänger oder Kette am Hals getragen, da er sehr hilfreich bei Schilddrüsen- und Lymphproblemen sein kann. Er kann als Talisman zur Förderung der Intuition und des Glücks, sowie als Unterstützung auf Reisen getragen werden.

MOOSACHAT

Farbe: weiße bis rote Grundfarbe mit grünen, faserigen Einschlüssen.
Transparenz: durchscheinend bis opak
Härte: 6,5–7
Chemische Formel: SiO_2
Zusammensetzung: Kieselsäure
Kristallsystem: trigonal
Hauptfundorte: China, Indien, USA
Tierkreiszeichen: Stier, Jungfrau
Chakras: Herz, Wurzel (mit roter Farbe)

Die faserigen, moosartigen, grünen Einschlüsse (es sind Eisensilikatfäden) dieses harmonischen Chalzedons erinnern an die Formenvielfalt der Natur. Er lehrt uns, die Natur schätzen und lieben zu lernen und die Gesetze der Pflanzenwelt besser zu verstehen. Er fördert so die Fähigkeit, mit Pflanzen umzugehen und sie zu hegen. Deshalb wird er auch Gärtnerstein genannt.

Moosachat ist Symbol für die Pflanzenwelt, für Natur, Besinnung, Ruhe und Naturliebe.

Der Moosachat
☐ wirkt ausgleichend und beruhigend,
☐ wird bei Augenbeschwerden, Hautproblemen und zur Entgiftung eingesetzt,
☐ verbindet uns mit der Natur und
☐ öffnet unser Bewußtsein für die Schönheit des Lebens.

Verwendung im Schmuck: Moosachat kommt als Kette oder als größerer gefaßter Anhänger, der im Herzbereich getragen wird, gut zur Wirkung.

OBSIDIAN

Farbe: schwarz glänzend mit weißen, flockenartigen Einschlüssen
Transparenz: opak
Härte: 5–5,5
Chemische Formel: größtenteils SiO_2

Zusammensetzung: glasiges Vulkangestein
Kristallsystem: amorph
Hauptfundorte: Asien, Italien, Mexiko, USA
Tierkreiszeichen: Jungfrau, Schütze, Steinbock
Chakras: Füße, Wurzel

Der Obsidian ist ein durchscheinendes bis opakes Naturglas von grüner, brauner, blauer oder schwarzer Färbung. Zuweilen ist er undurchsichtig schwarz mit hellgrauen bis weißen Flecken, man nennt ihn dann Schneeflockenobsidian. Außerdem gibt es noch Rauch-, Regenbogen- und Mahagoniobsidiane.

Seine schwarze Dichte vermittelt eine kompakte, schwere Energie. Er ist der absolute Gegenpol zum weißen Licht und von außerordentlicher Kraft.

Der Obsidian wird zu den Steinen des neuen Zeitalters gerechnet, obwohl er wegen seiner Beschaffenheit bereits in älteren Kulturen als Schneidwerkzeug und Opfermesser benutzt wurde.

Er ist ein Stein der Erde, der Standfestigkeit und Erdverbundenheit lehrt und mit seiner kraftvollen Schwingung auf den Boden der Tatsachen bringt. Außerdem symbolisiert er Willenskraft und Stärke.

Der Obsidian

□ festigt und bringt uns auf den Boden der Tatsachen,
□ konfrontiert uns mit der Wahrheit und zeigt uns unser wahres Inneres,
□ schützt und
□ macht uns unsere Abhängigkeiten bewußt.

Verwendung im Schmuck: Obsidian wird hauptsächlich als Kette oder Anhänger getragen und zwar dann, wenn man ihn zur Willensstärkung braucht und sehr realistisch sein will. Man sollte ihn jedoch nicht zu lange tragen, da er auch stark die eigenen Schattenseiten ins Bewußtsein bringt. Man könnte dadurch überfordert werden, wenn man nicht zu dieser Bewußtseinsarbeit bereit ist.

Olivin (Chrysolith, Peridot)

Farbe: zartes gelbliches Grün bis olivgrün
Transparenz: transparent
Härte: 6,5–7
Chemische Formel: $(Mg, Fe)_2 (SiO_4)$
Zusammensetzung: Eisenmagnesiumsilikat
Kristallsystem: rhombisch
Hauptfundorte: Afrika, Arizona, Australien, Burma, Brasilien, Kanarische Inseln, Mexiko, Ungarn
Tierkreiszeichen: Löwe, Jungfrau, Skorpion, Schütze
Chakras: Herz

Dieser Stein mit den drei Namen erfreut besonders durch seine lichtvolle, gelbgrüne Farbe.

Er symbolisiert Freude, Fröhlichkeit, Leichtigkeit, Schönheit und die Sonne.

Der Olivin
☐ wirkt kräftigend und heilend,
☐ lockert und löst Verspannungen im Magen- und Darmbereich,
☐ bringt Sonne in unser Gemüt und
☐ regt den Geist an.

Verwendung im Schmuck: Olivin bringt jeden Schmuck zum Strahlen. Selbst kleinere Steine fallen durch ihre schöne Farbe und Leuchtkraft ins Auge. Olivinschmuck entspannt und bringt dadurch mehr Leichtigkeit und Freude ins Leben.

Onyx

Farbe: schwarz, manchmal mit weißen Streifen; grau, weiß, grün
Transparenz: opak
Härte: 7
Chemische Formel: SiO_2
Zusammensetzung: Kieselsäure
Kristallsystem: trigonal
Hauptfundorte: Brasilien, Indien, Madagaskar, Südwestafrika, Uruguay

Tierkreiszeichen: Löwe, Steinbock
Chakras: Füße, Wurzel, Herz (grün)

Onyx gehört zu den Chalzedonen und kommt in verschiedenen Farben vor.
Er steht für Kraft, Stärke, Selbstvertrauen und Mut.

Der Onyx
☐ stärkt den Knochenbau, das Herz und die Augen,
☐ bietet Schutz und Stabilität bei negativen Einflüssen,
☐ er gleicht Körper und Geist aus und
☐ fördert die Widerstandskraft.

Verwendung im Schmuck: Schwarzer Onyx wird gerne für Siegelringe und Kameen verwendet. Er stärkt Selbstvertrauen und Mut.

OPAL

Farbe: weißlich, schwarz in allen Farben schillernd
Transparenz: transparent bis opak
Härte: 5–6,5
Chemische Formel: SiO_2nH_2O
Zusammensetzung: wasserhaltige Kieselsäure
Kristallsystem: amorph
Hauptfundorte: Australien, Brasilien, Guatemala, Japan, Mexiko, USA, Ungarn
Tierkreiszeichen: Krebs, Waage, Skorpion, Wassermann, Fische
Chakras: alle Chakras, insbesondere Kehle

Der Opal begeistert durch seine irisierenden, wasserhaltigen Einschlüsse in allen Farben des Regenbogens. Außer dem weißen Opal sind Varianten wie Feueropal, schwarzer Opal, rosa Opal, Holzopal, Milchopal und Opalith (auch Chrysopal oder Andenopal genannt) bekannt.
Er ist ein empfindlicher, wasserhaltiger Stein, den man hin und wieder etwas feucht halten sollte, um ihn vor dem Eintrocknen zu bewahren.
Opal ist Symbol für Wahrheit, Intuition, Inspiration und Veränderung.

Der Opal

☐ inspiriert, belebt und vitalisiert,
☐ regt die Intuition an,
☐ stärkt die Selbstheilungskräfte und
☐ verbessert die Wahrnehmung unserer Gefühle.

Verwendung im Schmuck: Beim Opal sollten wir immer intuitiv prüfen, ob er augenblicklich für uns geeignet ist. Als Ring, Anhänger oder Ohrstecker kann er seine Schönheit entfalten und uns mit seiner Ausstrahlung unterstützen.

PERLE

Farbe: weiß, rosa, grau, schwarz, gelblich, grünlich
Transparenz: opak, oben durchschimmernd
Härte: 2,5–3,5
Chemische Formel: $CaCO_3$
Zusammensetzung: Kalziumkarbonat
Kristallsystem: mikrokristallin
Hauptfundorte: Ceylon, Japan, Küste von Australien, Küste des Indischen Ozeans, Persischer Golf, Zentralamerika, Tahiti (schwarze Perle)
Tierkreiszeichen: Krebs, Zwillinge, Waage, Steinbock, Fische
Chakras: Solarplexus, Kehle, Drittes Auge

Perlen sind ein Geschenk des Meeres. Sie bilden sich in den Perlmuscheln, in denen sich ein Fremdkörper (z. B. ein Sandkorn) einlagert. Die Muschel sondert, durch diesen Reiz angeregt, vermehrt kohlensauren Kalk und Conchyn (eine hornartige Substanz, die klebt) ab und umhüllt den Eindringling Lage um Lage. So entsteht die echte Meeresperle. Bei der Zuchtperle wird dieser Prozeß beschleunigt, indem man einen größeren Kern in die Muschel gibt.

Es gibt auch Flußperlen, die in ihrer Form bizarrer sind und die auch in vielen Farben auftreten. Der Glanz (Lüster genannt) der Meeresperle ist jedoch schöner als bei der Süßwasserperle. Die Perle hat einen hohen Gehalt an Kalzium und kann so in Fällen von Kalziummangel helfen. Je öfter eine Perlenkette getragen wird, desto schöner wird ihr Glanz. Bei extrem starkem Kalziummangel kann sie jedoch unansehnlich werden.

Perlen sind Symbol für Ehrlichkeit, Reinheit, Unschuld und Schönheit.

Die Perle
☐ weist uns den Weg zur Ehrlichkeit gegen uns selbst,
☐ schützt uns vor negativen Energien,
☐ schenkt uns ein Gefühl von Geborgenheit und
☐ veranlaßt uns, ehrlicher mit uns selbst und anderen umzugehen.

Verwendung im Schmuck: Perlen werden sowohl für Ringe, Anhänger, Ohrringe und Ketten verwendet. Hochwertige Perlen und Naturperlen kombiniert man auch gerne mit Brillanten.

PURPURIT

Farbe: purpurn, tiefrosa, dunkelbraun
Transparenz: durchscheinend bis undurchsichtig
Härte: 4–4,5
Chemische Formel: (Mn,Fe) PO_4
Zusammensetzung: Mangan-Eisen-Phosphat
Kristallsystem: rhombisch
Hauptfundorte: Schweden, Frankreich, Portugal, Namibia, USA, Westaustralien
Tierkreiszeichen: Jungfrau
Chakras: Drittes Auge

Purpurit ist, wie der Name schon sagt, meist purpurfarben, manchmal dunkelrosa bis dunkelbraun. Manchmal zeigt seine Oberfläche Pleochroismus. Das heißt, er weist in verschiedenen Richtungen unterschiedliche Farben auf.

Er symbolisiert Spiritualität, Ordnung, Verantwortungsbewußtsein und Würde, denn seine Farbe ist königliches, glänzendes Purpur.

Der Purpurit
☐ fördert die spirituelle Entwicklung,
☐ bringt Licht in die Gedanken und
☐ hilft uns, mehr Verantwortung und Ordnung ins Leben zu bringen.

Verwendung im Schmuck: Da Purpurit ein sehr zäher Stein ist, wird er selten geschliffen, sondern meist als Rohstein verwendet und getragen.

Pyrit (Schwefelkies)

Farbe: goldfarben glänzend
Transparenz: opak
Härte: 6–6,5
Chemische Formel: FeS_2
Zusammensetzung: Eisenkies
Kristallsystem: kubisch
Hauptfundorte: Deutschland, Spanien, Westafrika
Tierkreiszeichen: Löwe
Chakras: Solarplexus, Kehle

Pyrit kommt in würfelförmigen Kristallen vor, aber auch als Kugelform und als Scheibe. Wegen seiner goldgelben Farbe wurde er manchmal mit Gold verwechselt, deshalb nannte man ihn auch Katzengold. Ein ähnliches Mineral ist der Markasit, der eine Spur grünlicher ist.

Pyrit steht für Sonne, Wärme, Lösung und Freude.

Der Pyrit
□ wird bei Diabetes, Bronchitis, Rheuma und Grippe verwendet,
□ löst überholte Denkmuster und körperliche Blockaden,
□ stärkt das Erinnerungsvermögen und
□ fördert Erkenntnis und Weiterentwicklung.

Verwendung im Schmuck: Der Pyrit wird wegen seines Glanzes gerne als Schmuckstein verarbeitet. Oft werden viele kleine Pyrite in Broschen, Anhänger und Ringe eingesetzt. Man sieht Pyritschmuck öfters in Form von Tiersymbolen, meist in Silber gearbeitet.

Rauchquarz

Farbe: hell- bis dunkelbraun, schwarz
Transparenz: transparent bis durchscheinend
Härte: 7

Chemische Formel: SiO$_2$
Zusammensetzung: Kieselsäure
Kristallsystem: trigonal
Hauptfundorte: Brasilien, GUS, Madagaskar, Schweiz
Tierkreiszeichen: Schütze, Steinbock
Chakras: Füße, alle Chakras

Der Rauchquarz ist der lichtvollste der schwarzen Steine. Seine Farbe entstand sowohl durch Einlagerungen von Eisen und Titan, als auch durch radioaktive Strahlung. Manchmal wird er auch mit goldenen Rutileinschlüssen gefunden.

Rauchquarz ist Symbol für Verantwortung, Kraft, Herausforderung und neue Aufgaben.

Der Rauchquarz
☐ fordert uns auf, Verantwortung für unser Leben zu übernehmen und
☐ uns selbst so anzunehmen, wie wir sind;
☐ wirkt festigend und beruhigend und
☐ gibt uns die Kraft, Kummer und Leid anzusehen und zu transformieren.

Verwendung im Schmuck: Rauchquarzschmuck verbindet uns mit der Realität, gibt uns Mut und stärkt unser Selbstbewußtsein. Rauchquarz wird gerne als Kette oder Anhänger im Solarplexusbereich getragen.

RHODOCHROSIT (INKA-ROSE)

Farbe: rosa, oft mit weißen Mustern
Transparenz: durchscheinend bis opak
Härte: 3,5–4,5
Chemische Formel: MnCo$_3$
Zusammensetzung: Mangansilikat
Kristallsystem: trigonal
Hauptfundorte: Argentinien, Nord- und Südafrika, Ural, USA
Tierkreiszeichen: Löwe, Skorpion
Chakras: Herz

Rhodochrosit gibt es sowohl kristallin in einer durchsichtigen rosa bis orangeroten Farbe, als auch undurchsichtig als zartrosa Stein mit weißen Wellenmustern.

Rhodochrosit symbolisiert Liebe, Verständnis, Offenheit und Kreativität.

Der Rhodochrosit
☐ fördert unsere Intuition und Schöpferkraft,
☐ stärkt Herz, Nerven und Verdauung,
☐ macht uns unsere liebevollen Gefühle bewußt und
☐ hilft unsere Ängste loszulassen.

Verwendung im Schmuck: Rhodochrositschmuck schenkt Freude, Energie und Kreativität. Außer Ketten und Cabochons sieht man manchmal wunderschöne Querschnitte von runden Rhodochrosit-Tropfsteinen, die, als Anhänger gefaßt, Schönheit und Liebe vermitteln.

RHODONIT

Farbe: dunkelrosa mit schwarz
Transparenz: opak
Härte: 5,5–6,5
Chemische Formel: $CaMn_4 (Si_5O_{15})$
Zusammensetzung: Mangansilikat
Kristallsystem: triklin
Hauptfundorte: Australien, Indien, Madagaskar, Mexiko, Nordamerika, Schweden, Ural, USA
Tierkreiszeichen: Widder, Stier, Krebs, Skorpion, Steinbock
Chakras: Herz, Füße

Man erkennt den Rhodonit an seiner rosaroten (griech. Rhodon = Rose) Farbe und den schwarzen Einschlüssen.

Rhodonit symbolisiert Energie, Liebe, Selbstentfaltung und Ausgleich.

Der Rhodonit
☐ wird bei Herz- und Lungenproblemen, Arthritis und Halsentzündungen eingesetzt,
☐ unterstützt notwendige Veränderungen,

☐ verstärkt Mitgefühl und Liebe,
☐ regt uns an, unsere Talente und Möglichkeiten zu nutzen.

Verwendung im Schmuck: Rhodonit wird meist als Kette getragen und unterstützt die Selbstverwirklichung.

ROSENQUARZ

Farbe: zartrosa
Transparenz: transparent bis durchscheinend
Härte: 7
Chemische Formel: SiO_2 + Mg
Zusammensetzung: Kieselsäure
Kristallsystem: trigonal
Hauptfundorte: Brasilien, Madagaskar, Südwestafrika, Ural, USA
Tierkreiszeichen: Stier, Waage
Chakras: Solarplexus, Herz

Dieser sanfte, transparente, rosa Quarz kann die seelischen Verletzungen, die dem Herzen zugefügt wurden, heilen und uns trösten. Er hat eine liebevolle Schwingung, die wieder Vertrauen fassen und die Nächstenliebe erblühen läßt.

Manchmal hat der Rosenquarz einen Lichtstern auf seiner Oberfläche.

Rosenquarz symbolisiert Sanftmut, Freundschaft, Liebe, Vertrauen und Frieden.

Der Rosenquarz
☐ hilft uns, lockerer mit Streß umzugehen,
☐ zeigt, wie man mit Sanftmut und Liebe auf die Umwelt einwirken kann,
☐ fordert uns auf, mehr auf unsere liebevollen und friedlichen Gefühle zu achten und
☐ aufgestaute Ängste, Sorgen und auch Tränen loszulassen.

Verwendung im Schmuck: Der Rosenquarz sollte vor allem für das Energiezentrum des Herzens dienen, da er hier sehr lösend, beruhigend und reinigend wirkt. Dazu kann man ihn als Kugelkette oder als Anhänger verwenden.

RUBIN

Farbe: rosarot bis dunkelrot
Transparenz: transparent bis opak
Härte: 9
Chemische Formel: Al_2O_3 + Cr + Fe
Zusammensetzung: Aluminiumoxid (Tonerde)
Kristallsystem: trigonal
Hauptfundorte: Birma, Ceylon, Hinterindien, Siam, Thailand, Tansania
Tierkreiszeichen: Widder, Krebs, Löwe, Skorpion, Schütze
Chakras: Wurzel, Herz

Der rote Korund gehört zu den kostbarsten Edelsteinen; besonders wenn er »taubenblutrot« und transparent ist. Eine schöne Variante ist der Sternrubin mit einem sechsstrahligen Stern auf seiner Oberfläche.

Rubin ist Symbol der Liebe, der Sexualität, der Erotik und der Aktivität.

Der Rubin hilft,
☐ uns selbst und unsere Mitmenschen mit mehr Liebe zu betrachten,
☐ Entscheidungen zu treffen,
☐ Probleme zu überwinden und
☐ aktiver zu werden.

Verwendung im Schmuck: Ein leuchtender Rubin, als Schmuckstück getragen, bringt mehr Liebe in unser Leben und stärkt die Leistungsfähigkeit.

RUTILQUARZ
(SAGENIT, ENGELSHAAR, VENUSHAAR)

Farbe: klar-weiß mit eingeschlossenen goldenen bis rötlichen Rutilfäden
Transparenz: transparent
Härte: 6–7
Chemische Formel: SiO_2 + TiO_2

Zusammensetzung: Kieselsäure mit Titanoxid
Kristallsystem: trigonal
Hauptfundorte: Brasilien, Frankreich, Madagaskar, Norwegen, Schweiz, USA
Tierkreiszeichen: Stier, Zwillinge, Löwe, Jungfrau, Waage, Schütze, Wassermann
Chakras: Solarplexus, Herz

Das Mineral Rutil (TiO_2) ist eine Sauerstoffverbindung des Metalls Titan (Ti). Wenn nun diese goldfarbenen, braunen, rötlichen oder schwarzen Rutilnadeln in einen Kristall eingelagert sind, nennt man ihn Rutilquarz.

Rutilquarz symbolisiert Lösung, Heiterkeit, Harmonie und die Verbindung von Gegensätzen.

Der Rutil
□ löst Blockaden,
□ stärkt Magen, Nerven und Schilddrüse,
□ beruhigt und gleicht aus,
□ zeigt uns, wie sich Gegensätze harmonisch vereinen lassen, und
□ macht uns Träume bewußter.

Verwendung im Schmuck: Da die eingeschlossenen Nadeln das Schleifen erschweren und oft die Oberfläche aufplatzen lassen, schleift man meist etwas größere Stücke oder Kugeln aus dem Rutil. Er erfreut durch seine Einschlüsse und schenkt Harmonie und Ausdruckskraft.

SAPHIR

Farbe: blau, rosa, violett, braun, grün, gelb, orange, weiß
Transparenz: transparent bis opak
Härte: 9
Chemische Formel: $Al_2O_3 + Ti + Fe$
Zusammensetzung: Aluminiumoxid (Tonerde)
Kristallsystem: trigonal
Hauptfundorte: Australien, Burma, Brasilien, Ceylon, Indien, Siam, Thailand, USA

Tierkreiszeichen: Stier, Jungfrau, Waage, Schütze, Wassermann, Fische
Chakras: Drittes Auge (blau), je nach Farbe andere Chakras

Meist denkt man beim Saphir an Blau, aber er kommt in fast allen Farben des Regenbogens vor. Der rote Korund heißt allerdings Rubin. Saphir und auch Rubin zählten schon immer zu den schönsten und begehrtesten Edelsteinen. In allen Kulturen wurden sie auch von Königen und Kaisern geschätzt und verehrt. Manche halbrund geschliffene Saphire zeigen einen strahlenförmigen Stern (Asterismus) auf der Oberfläche. Sie werden Sternsaphire genannt. Der orangefarbene Saphir heißt auch Padparadscha.

Saphir symbolisiert Glaube, Harmonie, Ruhe, Würde und Vorstellungskraft.

Der Saphir
□ fördert Klarheit, Harmonie und Gesundheit,
□ hilft bei der Verwirklichung unserer Pläne,
□ stärkt den Glauben,
□ bringt Ruhe und Kraft.

Verwendung im Schmuck: Selbst kleine Steine sind oft sehr attraktiv. Gerne wird der Saphir mit Diamant, Rubin und Smaragd kombiniert. Saphirschmuck macht uns unsere Lebensaufgabe bewußter und schenkt innere Ruhe.

SELENIT

Farbe: klar
Transparenz: transparent
Härte: 1,5–2
Chemische Formel: $Ca(SO_4)2H_2O$
Zusammensetzung: Gips
Kristallsystem: monoklin
Hauptfundorte: Marokko, Mexiko, Tunesien, USA
Tierkreiszeichen: Stier
Chakras: Drittes Auge

Selenit sieht in seiner weißen Klarheit dem Bergkristall ähnlich. Er wirkt mehr im geistigen als im körperlichen Bereich. Man verwendet ihn meist in Verbindung mit anderen Kristallen.

Selenit ist Symbol für Licht, Bewußtheit, Klarheit und Erleuchtung.

Der Selenit
□ bringt Klarheit in unser Bewußtsein,
□ fördert eine bewußte und lichtvolle Meditation,
□ regt den Geist an und
□ verhilft uns zu mehr Übersicht.

Verwendung im Schmuck: Da der Selenit sehr weich ist, ist er für Schmuck nicht geeignet.

SMARAGD

Farbe: hell- bis dunkelgrün
Transparenz: transparent bis opak
Härte: 7–7,5
Chemische Formel: $Al_2Be_3 (Si_6O_{18})$
Zusammensetzung: Beryllium-Aluminium-Silicat
Kristallsystem: hexagonal
Hauptfundorte: Brasilien, Kolumbien, Indien, Südafrika, Ural, USA
Tierkreiszeichen: Widder, Stier, Zwillinge, Krebs
Chakras: Herz

Der smaragdgrüne Beryll galt seit jeher als große Kostbarkeit und guter Heilstein. Er wurde und wird daher gerne von Heilkundigen und Ärzten getragen. Meist wird er tafelig geschliffen, weil diese Form seine Farbe und Leuchtkraft besonders gut zur Geltung bringt.

Smaragd gilt als Symbol von Hoffnung, Heilung, Liebe und Wachstum.

Der Smaragd
□ wird verwendet bei Kopfschmerzen, Diabetes, Augenbeschwerden, Magen- und Nervenproblemen,
□ fördert die geistige Entwicklung,

□ heilt seelische Wunden und
□ bringt mehr Liebe und Harmonie in unser Bewußtsein.

Verwendung im Schmuck: Smaragd wird als hochwertiger Goldschmuck verarbeitet, um seinen Wert und seine Schönheit zu wür-
digen. Als Ring oder Anhänger getragen, stärkt er unsere Heilkraft,
fördert die Kreativität und macht uns die Fülle und den Reichtum
der Natur bewußt.

SODALITH

Farbe: dunkelblau, oft mit weißen und dunklen Linien, grau, weiß
Transparenz: opak
Härte: 5–6
Chemische Formel: Na_8 $(Cl_2Al_6Si_6O_{24})$
Zusammensetzung: Natrium-Aluminium-Silikat
Kristallsystem: kubisch
Hauptfundorte: Afrika, Brasilien, Indien, Kanada, USA
Tierkreiszeichen: Krebs, Jungfrau, Waage, Schütze, Steinbock, Fi-
sche
Chakras: Drittes Auge

Dieser opake, dunkelblaue Stein enthält oft weiße und schwarze
Einschlüsse. Er kann leicht mit dem Lapislazuli verwechselt werden.

Sodalith symbolisiert Festigkeit, Selbstvertrauen, Ruhe, Treue
und Mut.

Der Sodalith
□ wird für Nerven, Lymphen und Stoffwechsel eingesetzt,
□ hilft Ziele zu verwirklichen,
□ stabilisiert,
□ unterstützt das Selbstvertrauen und
□ fördert die geistige Arbeit.

Verwendung im Schmuck: Sodalithschmuck (meist Ketten und
Cabochons) festigt, stärkt den Geist und vermittelt Ruhe.

SONNENSTEIN

Farbe: orange, rotbraun glitzernd
Transparenz: durchsichtig bis undurchsichtig
Härte: 6-6,5
Chemische Formel: Na AlSi$_3$O$_8$ Ca Al$_2$Si$_2$O$_8$
Zusammensetzung: Natrium-Calcium-Aluminium-Silicat
Kristallsystem: triklin
Hauptfundorte: GUS, Indien, Kanada, Südnorwegen, USA
Tierkreiszeichen: Stier, Waage, Löwe
Chakras: Basis, Milz, Solarplexus

Sonnenstein, auch Aventurin-Feldspat genannt, ist ein orangefarbener bis rotbrauner Stein aus der Familie der Feldspate. Sein metallisches Flittern wird durch eingeschlossene Hämatit- oder Goethit-Teilchen, an denen das Licht bricht, verursacht. Bei neueren Funden in Oregon/USA wurden auch transparente, von gelb bis tiefrot und grün leuchtende Steine gefördert. Sehr selten sind auch zweifarbige Sonnensteine in orange-grün gefunden worden.

Ohne Sonne wäre kein Leben auf der Erde möglich. Die Botschaft des Sonnensteins ist daher Kraft, Freude, Klarheit, Licht und Vitalität.

Der Sonnenstein kann
☐ emotionale Blockaden lösen helfen,
☐ die Chakras aktivieren und reinigen,
☐ unterstützt die Persönlichkeitsentwicklung und
☐ bringt Licht und Liebe ins Herz.

Verwendung im Schmuck: Da der Sonnenstein besonders dem Solarplexus, unserem Sonnenzentrum, zugeordnet ist, sollte er dort als Anhänger an einer längeren Kette getragen werden. Der Sonnenstein entfaltet seine Farbe und Leuchtkraft besonders als Cabochon.

SPINELL

Farbe: rot, rosa, violett, gelb, orange, blau, dunkelgrün, schwarz
Transparenz: durchsichtig
Härte: 8

Chemische Formel: Mg Al$_2$O$_4$
Zusammensetzung: Magnesium-Aluminat
Kristallsystem: kubisch
Hauptfundorte: Birma, Ceylon, Anatolien, Afghanistan, Brasilien, Thailand, USA
Tierkreiszeichen: Schütze, Widder, Skorpion, Löwe, Zwillinge
Chakras: alle Chakras, je nach Farbe

Die verschiedenen Farben des Spinells entstehen durch Einlagerungen von Eisen (rot), Chrom (grün) und Zink (blau). Besonders geschätzt ist der rote, sogenannte Rubin-Spinell, der dem Rubin sehr ähnlich sieht. Der blaßrote Spinell wird auch Balas-Rubin genannt. Früher wurden rote Spinelle für Rubine gehalten, denn sie werden zusammen mit Rubinen und Saphiren gefunden. Erst vor ca. 200 Jahren entdeckte man, daß Spinelle eine eigene Mineralsorte bilden. Eine große Rarität sind Stern-Spinelle.

Spinell symbolisiert Erneuerung, Zielstrebigkeit, Mut, Kreativität und Selbstvertrauen.

Der Spinell
□ regt an, entgiftet und kräftigt,
□ wird zur Nervenanregung und bei Stimmungstiefs eingesetzt,
□ gibt Mut und Energie, um neue Ziele anzusteuern und
□ stimuliert die Inspiration.

Verwendung im Schmuck: Da Spinell zu den seltenen und teuren Steinen gehört, wird er meist in Gold gefaßt. Er kräftigt und fördert das Selbstbewußtsein.

SUGILIT

Farbe: hell- bis dunkelviolett, manchmal mit braun, rot und schwarz; blau
Transparenz: transparent bis opak
Härte: 5,5–6,5
Chemische Formel: (K, Na) (Na, Fe)$_2$ (Li, Fe)(Si$_{12}$O$_{30}$)
Zusammensetzung: komplexes Silikat der Milaritgruppe
Kristallsystem: hexagonal
Hauptfundorte: Südafrika (Kalahari)

Tierkreiszeichen: Jungfrau, Schütze, Wassermann
Chakras: Krone

Dieser Schmuckstein wurde 1944 in Japan und etwas später in Indien in kleinen Vorkommen entdeckt. 1973 wurde der Sugilit auch in der Wessels-Mine in Südafrika in geringer Menge gefunden. Aber erst 1980 stieß man dort zufällig auf eine größere Ader, so daß man diesen Stein auf den Markt bringen konnte. Vor allem in den USA wurde er unter dem Namen »Royal Lavulite« und »Royal Azel« bekannt.

Trotz seiner meist undurchsichtigen Beschaffenheit besticht er durch seine intensive dunkelviolette Farbe. Aber auch die helleren Exemplare sind nicht nur wunderschön, sondern auch noch sehr hilfreich für die spirituelle Entwicklung.

Der blaue Sugilit enthält Chalzedon. Er gleicht das Kehlchakra aus, hilft, unsere Erkenntnisse auszudrücken, und hat eine befreiende Wirkung.

Sugilit steht für Spiritualität, Erkenntnis, Selbstkontrolle und Demut.

Der Sugilit
☐ hilft uns, negative Gefühle zu überwinden,
☐ verbindet uns mehr mit der kosmischen Einheit,
☐ unterstützt uns dabei, die Spiritualität im Alltag zu leben und
☐ bringt dadurch mehr Harmonie in unser Leben.

Verwendung im Schmuck: Trägt man einen solchen Stein als Ring an einem Finger, als einzelne Perle zwischen anderen Steinen oder als Halskette, fällt er angenehm auf, er hat etwas Suggestives an sich. Er hilft uns, ins Lot zu kommen und unsere Ziele zu verwirklichen.

TIGERAUGE

Farbe: goldgelblich-braunes Wellenmuster
Transparenz: opak
Härte: 7
Chemische Formel: SiO_2 + Fe
Zusammensetzung: Kieselsäure
Kristallsystem: trigonal

Hauptfundorte: Australien, Burma, Indien, Südafrika, USA
Tierkreiszeichen: Zwillinge, Löwe, Jungfrau, Steinbock
Chakras: Solarplexus

Tigerauge entsteht durch die Umwandlung von Krokydolith (Asbest) in Quarz. Man erkennt es an seiner goldgelben und braunen Farbe und dem Lichtschimmer, der sich beim Betrachten über die Steinoberfläche bewegt.

Tigerauge steht für Achtsamkeit, Konzentration, Einheit, Anpassungsfähigkeit und Toleranz.

Das Tigerauge
☐ wird für Augen, Wirbelsäule, Nieren und Verdauung eingesetzt,
☐ stärkt die Konzentration und Aufmerksamkeit,
☐ bringt Sonne in unser Bewußtsein und unsere Gefühle,
☐ harmonisiert unsere Gedanken und
☐ lehrt Toleranz und Anpassungsfähigkeit.

Verwendung im Schmuck: Da Tigerauge preiswert ist, wird es gerne als Kette getragen. Tigeraugenschmuck unterstützt uns bei der Verwirklichung unserer Pläne.

TIGEREISEN

Farbe: goldgelb, goldbraun, rot, schwarz glänzend
Transparenz: undurchsichtig
Härte: 6–7
Chemische Formel: $SiO_2 + Fe_2O_3$
Zusammensetzung: Siliciumdioxid + Eisen(III)-Oxyd
Kristallsystem: trigonal
Hauptfundorte: Südafrika, Westaustralien, Burma, Indien, USA
Tierkreiszeichen: Löwe, Jungfrau
Chakras: Basis, Milz, Solarplexus

Dieses Quarz-Brauneisen-Aggregat besteht aus Hämatit, Tigerauge und Silex (roter Jaspis) und vereint die Eigenschaft dieser drei Mineralien. Wie das verwandte Tigerauge zeigt es einen wogenden Lichtschimmer. Die Farben Silberschwarz (Hämatit), Rot (Silex) und Goldgelb bis Braun (Tigerauge) sind bei den einzelnen Steinen unterschiedlich ausgeprägt.

Tigereisen symbolisiert Kraft, Stärke, Kreativität, Energie und Aktivität.

Das Tigereisen
☐ stärkt Blut, Muskeln und die Verdauungsorgane,
☐ verhilft zu Festigkeit und Durchsetzungsvermögen,
☐ aktiviert und stärkt,
☐ fördert die Kreativität,
☐ macht die Gefühle bewußter und
☐ hilft uns, diese auch auszudrücken.

Verwendung im Schmuck: Tigereisen wird meist als kräftigende und aktivierende Kette getragen.

TOPAS

Farbe: goldgelb bis orange, blau, weiß
Transparenz: transparent
Härte: 8
Chemische Formel: Al_2 (Fe_2/SiO_4)
Zusammensetzung: Tonerdesilikat
Kristallsystem: rhombisch
Hauptfundorte: Afrika, Brasilien, Burma, Ceylon, GUS, USA
Tierkreiszeichen: Zwillinge, Löwe, Schütze, Fische
Chakras: Sakral, Solarplexus

Der Goldtopas hat eine sonnige, leichte Schwingung. Es gibt einige Steine, die Topas genannt werden, aber wenn es sich um den »echten« Goldtopas handelt, ist er hellgoldgelb bis goldfarben. Der blaue Topas ist hellblau wie der Aquamarin bis intensiv leuchtend blau. Leider ist der intensive blaue Topas meist bestrahlt.

Topas steht für Leuchtkraft, Sonne, Lebensfreude, Licht und Zuversicht.

Der Topas
☐ kräftigt das Herz,
☐ beseitigt Spannungskopfschmerzen,
☐ fördert die Verdauung,
☐ hilft bei Depressionen und Schlaflosigkeit und
☐ bringt Licht, Freude und sonnige Gedanken in unser Leben.

Verwendung im Schmuck: Goldtopas wird gerne in seiner natürlichen Stabform als Anhänger getragen. Aber er wird auch, wie der blaue Topas geschliffen, facettiert und in Gold gefaßt. Topasschmuck erinnert uns an die Lebensfreude und fordert uns auf, unsere innere Sonne leuchten zu lassen.

TÜRKIS

Farbe: himmelblau bis blaugrün
Transparenz: durchscheinend bis opak
Härte: 5–6
Chemische Formel: $CuAl_6((OH)_8 (PO_4)_4) 4H_2O$
Zusammensetzung: Tonerdephosphat
Kristallsystem: triklin
Hauptfundorte: Afghanistan, Australien, China, GUS, England, Iran, Israel, Tansania, USA
Tierkreiszeichen: Widder, Waage, Skorpion, Schütze, Steinbock, Wassermann, Fische
Chakras: Herz, Hals

Dieses kupferhaltige Mineral wird nicht nur wegen seiner herrlichen Türkisfarbe, sondern auch wegen seiner schützenden und heilsamen Eigenschaften begehrt. Indianer, Perser, Beduinen und Tibeter wußten diesen Stein schon immer zu schätzen. Da jedoch viele Imitationen, Synthesen und aus Türkispulver zusammengeklebte Steine gehandelt werden, sollte man auf Qualität und Herkunft achten.

Türkis symbolisiert Schönheit, Himmel, Reinheit, Schutz, Wachstum, Weite und Freiheit.

Der Türkis
☐ stärkt Augen, Galle, Lunge, Kehle und Herz,
☐ fördert die Kreativität und das Naturverständnis,
☐ schützt, indem er Energien aufnimmt, und
☐ wirkt reinigend und ausgleichend.

Verwendung im Schmuck: Türkisschmuck sollte beim Waschen abgenommen werden, da er sehr weich und empfindlich ist. Dieser Stein kann sich durch Schock oder Krankheit seines Trägers verfärben. Indianer verarbeiten ihren Türkise oft mit Silber und Koralle. Aber auch in Gold gefaßt, stärkt der Türkis die Vorstellungskraft, die Naturliebe und die Ausgeglichenheit.

TURMALIN, BLAU (INDIGOLITH)

Farbe: blau in allen Tönungen
Transparenz: durchsichtig bis undurchsichtig
Härte: 7–7,5
Chemische Formel: $(Na,Li,Ca)(Fe^{II},Mg,Mn,Al)_3$
$$Al_6((OH)_4/(BO_3)_3/Si_6O_{18})$$
Zusammensetzung: Aluminium-Borat-Silicat
Kristallsystem: trigonal
Hauptfundorte: Afrika, Afghanistan, Australien, Brasilien, Ceylon, GUS, Madagaskar, USA
Tierkreiszeichen: Stier, Schütze, Waage
Chakras: Solarplexus, Hals, Drittes Auge

Der Indigolith ist seltener als die grünen, schwarzen oder rosa Turmaline. Er wächst in länglichen gerippten Kristallstäben von verschiedener Stärke.

Blauer Turmalin symbolisiert Klarheit, Gelassenheit, Annehmen, Harmonie und Frieden.

Der Indigolith
□ wird für Nerven, Drüsen, Lymphen, Schilddrüse und Immunsystem eingesetzt,
□ fördert Stimme und Ausdruckskraft,
□ stärkt den Geist und die Konzentration,
□ stimmt friedlich und
□ bringt mehr Harmonie in unser Leben.

Verwendung im Schmuck: Indigolith wird gerne in Tafelform geschliffen und als Ring oder Anhänger gefaßt. Schmuck mit blauem Turmalin vermittelt Frieden, Gelassenheit und Selbstsicherheit.

Turmalin, grün (Verdelith)

Farbe: verschiedene Grüntöne
Transparenz: transparent bis opak
Härte: 7–7,5
Chemische Formel: $NaMg_3Al_6((OH)_4/(BO_3)_3/Si_{16}O_{18})$
Zusammensetzung: Aluminium-Bor-Silikat (sowie andere chemische Zusammensetzungen)
Kristallsystem: trigonal
Hauptfundorte: Afrika, Brasilien, Ceylon, GUS, Indien, Madagaskar, USA
Tierkreiszeichen: Steinbock
Chakras: Herz

Erhitzt oder reibt man den Turmalin (singalesisch = Aschenzieher), so wird er elektrisch und zieht dann an beiden Enden Asche, Staub oder kleine Papierschnitzel an. Er wird in gerippter Stabform gefunden. Verdelith begeistert durch seine Vielfalt an Grüntönungen. Je nach der Richtung, in der man durch den Turmalin sieht, scheinen sich seine Farben zu ändern. Daran kann man ihn von anderen grünen Steinen unterscheiden.

Grüner Turmalin symbolisiert Natur, Harmonie, Freiheit, Lebensfreude, Kreativität und Wohlstand.

Der Verdelith
□ schützt vor negativen Schwingungen,
□ stärkt Nerven, Herz, Kreislauf und die Abwehrkräfte,
□ löst Stauungen und festgefahrene Denkmuster,
□ fördert die Kreativität und
□ bringt Frische und Freude ins Gemüt.

Verwendung im Schmuck: Verdelith wird gerne als Kette getragen, und wenn seine Farbe besonders schön ist, wird er auch zu hochwertigem Schmuck verarbeitet. Er vermittelt seinem Träger neue Energien, Mut und Ansehen.

TURMALIN, ROSA (RUBELLIT)

Farbe: rosa bis rot, manchmal mit einem Stich ins Violette
Transparenz: durchsichtig bis undurchsichtig
Härte: 7–7,5
Chemische Formel:
   $(Na,Li,Ca)(Fe^{II},Mg,Mn,Al)_3Al_6(OH)_4/(BO_3)_3/Si_6O_{18}$
Zusammensetzung: Aluminium-Borat-Silicat
Kristallsystem: trigonal
Hauptfundorte: Ceylon, Madagaskar, Brasilien, Mozambique, Afghanistan, Angola, Australien, Birma, Indien, Nigeria, Sambia
Tierkreiszeichen: Schütze, Skorpion, Zwillinge
Chakras: Basis (rot), Sakral, Herz, Solarplexus

Turmalin wächst in länglichen, geriffelten, verschieden starken Stäben. Der Rubellit wird in allen Tönungen von rosafarben bis rot gefunden.

Rubellit steht für Liebe, Freude, Durchbruch und Selbstannahme.

Der Rubellit

☐ regt das Immunsystem, die Lymphen, Fortpflanzungsorgane und Verdauung an,

☐ hilft das Herz zu öffnen,

☐ stärkt die liebevollen Empfindungen, Gefühle und Eingebungen,

☐ regt die Selbstheilungskräfte an und

☐ lehrt uns, mehr Freude zu empfinden.

Verwendung im Schmuck: Rubellit wird sowohl in Cabochonform als auch facettiert geschliffen. Als Ring, Anhänger, Kette oder Ohrring schenkt er uns seine Schönheit und vermittelt Liebe und Freude.

TURMALIN, SCHWARZ (SCHÖRL)

Farbe: tiefschwarz
Transparenz: opak
Härte: 7–7,5

Chemische Formel: $NaFe_3^2 + (Al, Fe^{3+})_6 ((OH)_4 / (BO_3)_3 / Si_6O_{18})$
Zusammensetzung: Aluminium-Bor-Silikat
Kristallsystem: trigonal
Hauptfundorte: Afrika, Brasilien, Elba, GUS, Indien, Madagaskar, Schweiz, USA
Tierkreiszeichen: Skorpion, Steinbock
Chakras: Füße, Wurzel

Wenn man den Turmalin (singalesisch = Aschenzieher) erhitzt oder reibt, wird er elektrisch und zieht dann an beiden Enden Asche, Staub oder kleine Papierschnitzel an. Der schwarze Turmalin kommt manchmal sogar in Kristallen bis zu 25 Meter Länge vor. Der Schörl, wie er auch genannt wird, wächst in länglicher geriffelter Stabform.

Schwarzer Turmalin symbolisiert Schutz, Stärke, Standhaftigkeit, Ruhe und Konzentration.

Der Schörl
☐ stärkt Selbstvertrauen, Widerstandskraft und Erdverbundenheit,
☐ bringt Klarheit und Ruhe,
☐ fördert Inspiration, Selbstvertrauen und Lebensfreude,
☐ schützt, stärkt die Abwehrkräfte und
☐ unterstützt das Selbstvertrauen.

Verwendung im Schmuck: Gerne wird der Schörl als Stab gefaßt und als Anhänger getragen. In Kugelform wird er meist mit andersfarbigen Turmalinen gemischt zu Ketten verarbeitet.

TURMALINQUARZ

Farbe: farblos mit eingeschlossenen, schwarzen Turmalinnadeln
Transparenz: durchsichtig
Härte: 7
Chemische Formel: SiO_2 + Turmalin
Zusammensetzung: Siliciumdioxid + Turmalin
Kristallsystem: trigonal
Hauptfundorte: Brasilien, Madagaskar, Ural
Tierkreiszeichen: alle
Chakras: alle

Turmalinquarz ist ein Bergkristall, in den Nadeln von schwarzem, eisenhaltigem Turmalin (auch Schörl genannt) eingeschlossen sind. Der schwarze Turmalin ist ein stabförmiger Kristall, der erdet, vor negativen Schwingungen schützt und entgiftend wirkt.

Der Bergkristall mit seinem klaren Licht harmonisiert, regt die Energiezentren und die Intuition an.

Turmalinquarz ist Symbol der Polarität. Die Verbindung von schwarz und weiß, Erde und Himmel, Schatten und Licht.

Turmalinquarz vereint in sich Gegensätzlichkeiten und lehrt uns,
☐ wie wir Beziehungen, Situationen und Gefühle ausgleichen können,
☐ Klarheit in unsere Pläne und Gedanken zu bringen,
☐ uns geistig zu entwickeln und
☐ als Seele zu wachsen.

Verwendung im Schmuck: Damit die Turmalinnadeln gut zu erkennen sind, schleift man meistens etwas größere Stücke oder Cabochons aus diesem Stein. Aber auch als Kugelkette kommt seine Schönheit zur Wirkung. Turmalinquarz gleicht aus und stärkt die Urteilskraft.

WASSERMELONENTURMALIN

Farbe: rosa mit grünem Rand
Transparenz: durchsichtig bis durchscheinend
Härte: 7–7,5
Chemische Formel:
   $(Na,Li,Ca)(Fe^{II},Mg,Mn,Al)_3Al_6((OH)_4/BO_3)_3/Si_6O_{18})$
Zusammensetzung: Aluminium-Borat-Silicat
Kristallsystem: trigonal
Hauptfundorte: Brasilien, Madagaskar
Tierkreiszeichen: Widder, Stier, Zwillinge, Jungfrau
Chakras: Milz, Solarplexus, Herz

Wie alle Turmaline kommt der rosa-grüne Turmalin in langgestreckter Stabform vor. In einem Querschnitt oder einer Scheibe sieht man die volle Schönheit dieses besonderen Edelsteins. Er ist innen rosa bis rot und hat einen grünen Rand, sieht also aus wie eine aufgeschnittene Wassermelone. Er wird daher Wassermelonenturmalin genannt.

Wassermelonenturmalin steht für Ausgleich, Offenheit, Entfaltung, Partnerschaft und Liebe.

Der Wassermelonenturmalin
□ regt den Stoffwechsel, das Immunsystem und die Zellregeneration an,
□ harmonisiert die aktiven und intuitiven Kräfte in uns,
□ klärt die Gedanken und
□ stärkt die Verbindung zu unserem höheren Selbst.

Verwendung im Schmuck: Rosa und Grün sind die Farben des Herzchakras. Daher wird dieser Turmalin gerne im Herzbereich aufgelegt oder getragen. Damit seine beiden Farben besonders gut zur Geltung kommen, wird der Wassermelonenturmalin gerne als Scheibe geschnitten, poliert und dann gefaßt.

ZOISIT MIT RUBIN (ZOISIT-AMPHIBOLIT)

Farbe: grün mit schwarzen Hornblende- und roten Rubineinschlüssen
Transparenz: durchsichtig bis undurchsichtig
Härte: 6,5–7
Chemische Formel: $Ca_2Al_3 (O/OH/SiO_4/Si_2O_7)$
Zusammensetzung: Calcium-Aluminium-Silicat
Kristallsystem: rhombisch
Hauptfundorte: Tansania
Tierkreiszeichen: Zwilling, Widder
Chakras: Basis, Herz

Zoisit mit Rubin wurde 1954 in Tansania entdeckt. Im Zoisit sind meist drei Farben zu sehen – grün, rot und schwarz.

Schwarz symbolisiert die Erde, zeigt uns die Realität und verleiht Stabilität. Rot steht für Aktivität und Durchsetzungskraft. Grün gleicht Körper, Geist und Seele aus und vermittelt Mitgefühl und Liebe.

Zoisit mit Rubin
□ verleiht uns Standfestigkeit, Verantwortungsbereitschaft, Kraft,

- [ ] stärkt die Sexualorgane, die Bauchspeicheldrüse, die Lunge und das Herz,
- [ ] lehrt uns, die Sexualität mit der Liebe zu verbinden,
- [ ] klärt den Geist,
- [ ] regt die Kreativität an und
- [ ] aktiviert die Selbstentfaltung.

Verwendung im Schmuck: Zoisit mit Rubin ist meist in Scheiben, als Cabochon oder als Kugelkette erhältlich. Im Herzbereich als Anhänger oder Kette getragen, gibt er Kraft, Standfestigkeit und Mitgefühl.

Geometrische Figuren

Kreis ○

Der Kreis mit seiner zu sich selbst zurücklaufenden, runden Linie gilt als Gegenpol zum Quadrat.

Er bietet im Inneren Schutz, Integration, Geborgenheit, Zentrierung und nach außen Abgrenzung, Ausschluß. Die Energie wirkt sehr verdichtet durch die abgeschlossene Form des Kreises. Positives wird umhüllt und Negatives bleibt ausgeschlossen.

Der Kreis erlöst aus der Eckigkeit unseres Daseins.

In der Natur spiegelt er sich zum Beispiel in Seeigeln, Orangen, Baumquerschnitten, im menschlichen Kopf, in der Erde, der Sonne und den Planeten wider.

Der Kreis ist Sinnbild für das Ich, die Einheit, für Gott, die Vollkommenheit, die Ganzheit, die Wiedergeburt, den Himmel, das Element Luft, die Ewigkeit, die Unendlichkeit, die Herrschaft (Krone), den Sieg (Lorbeerkranz), die Fülle, die Zeit, sowie die Sternzeichen Jungfrau und Fische.

Die Ewigkeit wird auch als Uroboros, die Schlange, die sich in den Schwanz beißt, dargestellt.

Die Zeit wird durch das Rad ○ (auch Symbol der Sonne und des Goldes, des Sonnenmetalls), das Sonnenrad und das Ziffernblatt der Uhr symbolisiert.

Die Zyklen der Entwicklung oder des Lebens werden durchlaufen, bis sie zum Ausgangspunkt zurückkehren. Der Kreislauf kann nur verlassen werden durch Übergang zu einer anderen Ebene.

Im Yin-Yang-Zeichen wird die Polarität vom Kreis umschlossen.

Der Kreis lehrt uns,
☐ uns selbst zu ergründen und zu erkennen, damit wir auch das Außen, den Kosmos besser verstehen können,
☐ Ruhe mit Kraft zu verbinden, um erfolgreich zu sein,
☐ ins Zentrum unseres Wesens, in die Mitte zu kommen, um zu unserer wahren Stärke zu finden,

☐ nicht zu »eckig« zu sein, sondern durch Ausgewogenheit zum Ziel zu finden.

Verwendung im Schmuck: Der Ring in seinen vielfältigen Ausdrucksmöglichkeiten gilt als Symbol der Freundschaften und Verbindungen (im Ehering mit Treueversprechen). Er schützt vor dem Außen und hat Bezug zum Unendlichen. Kreisförmige Anhänger mit einem Stein in der Mitte symbolisieren Harmonie, sich manifestierende Pläne und Fülle. Verwandte Symbole: Eins, Sonne, Löwe.

DREIECK

Das Dreieck, das auch die Drei (die Zahl des Himmels) repräsentiert, ist eine lebendige Figur, die, je spitzer sie ist, um so angriffslustiger und dynamischer wirkt.

Die ausgewogenste Form ist das gleichschenklige Dreieck, seine Winkel haben je 60 Grad. Es balanciert die Kräfte zwischen den Seiten und Ecken aus. Das Dreieck symbolisiert die Auflösung der Polaritäten. Zwei Gegensätze oder Kräfte verbinden sich zum harmonischen dritten Punkt, dem Gleichgewicht oder der Synthese. So vereinen sich Vater und Mutter oder männlich und weiblich, um etwas Neues entstehen zu lassen, das Kind. Die These steht der Antithese gegenüber und findet ihre Erfüllung in der Synthese.

Das Dreieck und damit die Dreiheit, sowie die Zahl Drei stehen für verschiedene Vorstellungen:

Jugend – Lebensmitte – Alter
Mineralien – Pflanzen – Tiere
Denken – Reden (Fühlen) – Handeln
Vergangenheit – Gegenwart – Zukunft
Beginn – Mitte – Ende
Vater – Kind – Mutter
Vater – Sohn – heiliger Geist (Gottdreiheit)
Glaube – Liebe – Hoffnung
Körper – Seele – Geist usw.

Ist die Spitze des Dreiecks nach oben gerichtet, symbolisiert es männliche, aufsteigende, erhöhende Eigenschaften sowie Feuer und Luft.

Mit der Spitze nach unten ist es weiblich. In Indien ist Yoni (572 Formen) das Symbol der weiblichen Genitalien. Dieses weibliche Dreieck ist auch Sinnbild für Mond, Wasser und Feuer. Es weist ins Körperliche, erschließt die Tiefe.

Ein schwarzes Dreieck symbolisiert den Planeten Saturn und ein rotes das Element Feuer.

Die Verbindung dieser beiden Dreiecke, der sogenannte Davidstern, vereint die schöpferischen, männlichen und die gebärenden, weiblichen Kräfte. Er dient auch als Schutzsymbol.

Das Dreieck lehrt,

☐ Gegensätze zu überwinden, um zu einem höherem Niveau zu gelangen,

☐ die Vor- und Nachteile eines Themas oder Problems zu erkennen, um zu einer Synthese oder Lösung zu finden,

☐ unsere Energien zu konzentrieren und in die gewünschte Richtung fließen zu lassen,

☐ Dynamik in unser Leben zu bringen und

☐ Veränderungen zu begrüßen.

Verwendung im Schmuck: Man kann, je nachdem welche Eigenschaften im Menschen verstärkt werden sollen, ein männliches oder weibliches Dreieck verwenden.

Steine können an den Ecken (z. B. Saphir, Smaragd, Rubin für Glaube, Liebe, Hoffnung) oder auch in der Mitte (z. B. ein Diamant, der für die Einheit steht) angebracht werden.

Eine ausgewogene Verbindung ist auch der schützende Davidstern und ein Dreieck im Kreis, was noch stärker die Einheit und Harmonie betont.

VIERECK (QUADRAT)/WÜRFEL

Das Quadrat ist eine vom Menschen geschaffene Form, die in der Natur kaum vorkommt. Diese geometrische Form steht für die Zahl Vier, das Irdische, die Erde, das Weibliche, die Materie, die Realität. Sie hilft, die Erde in Besitz zu nehmen.

Als abgestecktes Feld stellt das Quadrat eine ruhende, statische Figur dar, die dem Menschen Raum zur Verwirklichung seiner Ideen bietet.

Es steht für Ruhe, Schwere, Härte, Stabilität, Festigkeit, Fundament, Kanten, Wasser sowie für die Planeten Jupiter, Venus und Saturn. Das Viereck wird verwendet bei der Landvermessung zum Abstecken von Grundstücken und für Grundrisse. Es trennt von dem Außen, grenzt ab, schützt vor dem Chaos, ist bergender Raum, ein Zuhause. Andererseits engt es auch ein und begrenzt.

Die vier Winkel des Quadrats stehen für:
□ die vier Himmelsrichtungen,
□ die vier Elemente, Luft (Verstand), Wasser (Gefühl), Feuer (Tatkraft) und Erde (Realitätssinn),
□ Fühlen, Denken, Empfinden, Intuition,
□ im Islam für das Herz des Menschen, welches den Einflüssen von Gott, Engeln, Menschen und Teufeln ausgesetzt ist.

Das Abschreiten der vier Ecken ist immer mit einem Wechsel der Perspektive verbunden. Bei jedem Richtungswechsel im Winkel erscheint ein neues Blickfeld. Das Quadrat ist im Pyramidengrundriß ebenso wie im Körper des Menschen enthalten, besonders im Brust- und Bauchraum.

Wie das Quadrat symbolisiert auch der Würfel Konkretisierung und Festlegung. (Alea iacta est, lat., der Würfel ist gefallen, was soviel bedeutet wie: es ist nicht mehr zu ändern).

Der Würfel hat immer sichtbare und abgewandte Seiten. Er läßt sich bewegen (rollen), wenn er jedoch ruht, steht er fest, er hat eine weite Standfläche. Er wirkt kompakt, zusammengedrängt und steht auch für Masse und Materie.

Würfel, Viereck und Quadrat vermitteln
□ Standfestigkeit, Ordnung und Abgrenzung,
□ Geborgenheit und Stärke,
□ neue und unterschiedliche Sichtweisen,
□ konkrete Standpunkte.

Verwendung im Schmuck: Viereckige Muster oder Steine verleihen etwas Erdhaftes, Konkretisierendes. Sie sind geeignet zur Verwirklichung von Plänen oder für träumerische, schutzbedürftige Menschen. Verbunden mit schwarzen oder blauen Steinen ist das Quadrat zur Verstärkung des Willens und der Zielerfüllung geeignet.

FÜNFECK (PENTAGRAMM/PENTAGON)

Das Pentagramm, der fünfzackige Stern, ist ein uraltes Zauberzeichen (Drudenfuß), das böse Kräfte bannt und abwehrt. Zeigt die Spitze nach oben, so stellt es den Menschen mit ausgebreiteten Armen und Beinen dar. Es symbolisiert Weisheit, Liebe, Gerechtigkeit, Klarheit, Güte, sowie die Beherrschung der Materie und der vier Elemente durch den Geist. Das Pentagramm ist auch Sinnbild für Christus als Alpha (Anfang) und Omega (Ende) und seine fünf heiligen Wunden.

Auch den Pythagoräern galt es als Symbol für Gesundheit, Glück und Freude.

Weist die Spitze jedoch nach unten so gilt es als Zeichen des Teufels, der Macht der Materie über den Geist und der Vorherrschaft des Chaos über die Ordnung.

In der Natur findet man das Pentagramm im fünfzackigen Seestern.

Das Fünfeck symbolisiert die Zahl Fünf, die Ausdehnung des Geistes und der vier Elemente.

Das Pentagramm lehrt,
- □ uns für das Leben zu öffnen und es zu begrüßen,
- □ uns geistig weiterzuentwickeln,
- □ mehr Freude in unser Leben zu bringen und
- □ die Verantwortung für unsere Gesundheit zu übernehmen.

Verwendung im Schmuck: Mit der Spitze nach oben als goldenen Anhänger eventuell verbunden mit fünf Edelsteinen. Zum Beispiel mit Saphir (Weisheit), Rubin (Liebe), Diamant (Klarheit), Smaragd (Gerechtigkeit), Zitrin (Güte).

SECHSECK (HEXAGRAMM/HEXAGON)

Das Hexagramm, auch Davidstern oder Siegel Salomos genannt, besteht aus zwei gleichseitigen übereinander liegenden oder verschränkten Dreiecken. Männlicher, aktiver, impulsgebender und weiblicher, intuitiver, empfangender Aspekt und die Elemente Feuer, Luft, Wasser und Erde sind hier vereint. Es ist ein Symbol

der Zahl Sechs, der Sonne, der Vereinigung, der Liebe, der Durch-
dringung, der Kraft, der Ganzheit und der Überwindung der Gegensätze. Das Hexagramm im Kreis ist Symbol Gottes.

Hexagramme nennt man auch die aus sechs Linien bestehenden
I Ging-Zeichen.

Wie die Zahl 6 steht das Sechseck für die sechs Schöpfungstage
und ist ein Zeichen der Polarität, aber auch der Vollkommenheit.
Seine sechs Ecken weisen auf die 6 x 60 Grad des Tierkreises hin.
Es symbolisiert daher auch die Verbundenheit mit dem All. In der
Natur sieht man es in den Bienenwaben und in der sechseckigen
Form der Schneeflocken.

Hexagramm und Sechseck lehren,
☐ unsere Kraft zu leben,
☐ Gegensätze zu überwinden und auszugleichen,
☐ Liebe und eine sonnige Ausstrahlung in unser Leben zu bringen,
☐ männliche und weibliche Aspekte anzunehmen und
☐ ins Gleichgewicht zu bringen.

Verwendung im Schmuck: Der Davidstern wird gerne als Anhänger, oft in Verbindung mit entsprechenden Gravuren oder einge-
legten Edelsteinen verwendet. Das Sechseck findet besonders
durch sechseckig geschliffene Steine Ausdruck.

KREUZ ✚

Wie das Quadrat ist auch das Kreuz rechtwinklig und trägt die Zahl
vier in sich. Seine vier Arme stehen für die vier verschiedenen Temperamente, die vier Himmelsrichtungen und für die vier Jahreszeiten bzw. die vier Sonnwendpunkte.

In der Natur findet man die Kreuzform öfters. Unter anderem in
Kristallgittern von Mineralien, bei Pflanzen (Kreuzblütlern) und im
Skelettaufbau von Menschen und Tieren.

Im täglichen Leben sieht man Weg- und Straßenkreuzungen, das
»Rote Kreuz«, und man verwendet das Kreuz zum Addieren und
das Diagonalkreuz zum Multiplizieren.

So hilft das Kreuz im übertragenen Sinn, den Weg in Raum und
Zeit durch Überwindung der Gegensätze zu finden. Denn das
Kreuz hat auch Bezug zur Zahl zwei (der Polarität). Zwei Linien

(Zeichen der Polarität) überschneiden sich im Kraftpunkt des Kreuzes, der Mitte. Die Extreme, Senkrechte und Waagrechte, werden hier vereint. Die Vertikale steht für das männliche, schöpferische Element, für Höhe und Tiefe, für Aktivität, Feuer und Selbstüberwindung.

Die Horizontale symbolisiert das Weibliche, Erdhafte, das Wasser, die Elemente und Landschaften.

Mit dem Durchschneiden der Horizontalen kommen neue, schöpferische Gesichtspunkte ins Spiel, die Überwindung der zweipoligen Weltanschauung wird ermöglicht, Extreme vereinen sich zu einer lebendigen Figur, die Achse zur geistigen Erkenntnis wird geöffnet.

Auch wenn der Mensch die Arme ausbreitet, kann der Lebensstrom von den Füßen über die Schultern und durch die Hände ausströmen und über sein begrenztes Ich in das umfassende All fließen, das er dann als Ganzheit empfinden kann.

Das Kreuz ist das Zeichen des Christentums.

In China repräsentiert das Kreuz die Zahl Fünf, da zu den vier Armen noch der Schnittpunkt gezählt wird. Das Kreuz ist Symbol des Mittelpunkts, des Lebens, der Überwindung des Todes, des Heils, der Einheit in der Vielheit, Schnittpunkt von Gegensätzen (Lebende und Tote) und des vollkommenen Menschen.

Das Kreuz lehrt,

- ☐ männliche und weibliche Energien im Gleichgewicht zu halten, um zu mehr Kraft und Harmonie zu kommen,
- ☐ Gegensätze zu überwinden, um dadurch zu neuen Einsichten zu gelangen und geistig zu wachsen,
- ☐ unsere Energie fließen zu lassen,
- ☐ bewußt in der Gegenwart zu leben und
- ☐ so die Verbundenheit mit dem Kosmos zu spüren.

Verwendung als Schmuck: Das Kreuz ist im europäischen Raum eine der verbreitetsten Formen für Schmuckstücke. Es wird in den verschiedensten Formen getragen.

Besonders ausgewogen wirkt das gleichschenklige Kreuz.

Zur Betonung der wichtigen Mitte könnte man einen facettierten Diamanten oder Farbstein, der von der Wirkung zum gewünschten Ziel paßt, einsetzen.

ANKH – DAS HENKELKREUZ ♀

Das Symbol Ankh stellt mit dem oberen Kreis die Sonne dar, die das untere Kreuz, die Erde, befruchtet. In vielen Darstellungen wird das Kreuz auch an der oberen Seite wie ein Schlüssel gehalten, der das Totenreich aufschließen soll.

Das Ankh steht für
□ Fruchtbarkeit,
□ das Leben,
□ Ewigkeit
□ sowie für männliche Kraft und weibliche Fruchtbarkeit, die sich vereinen zu neuem Leben.

Verwendung im Schmuck: Das Ankhzeichen in Gold (als Symbol für die Sonne), eventuell verbunden mit einem gelben (Sonne) oder schwarzen, braunen oder roten Edelstein (Erde).

OVAL, EI ◯

Das Oval ist eine beschützende, behütende Form, die Geborgenheit vermittelt. Es wird als weich und liebevoll empfunden.

Das Ei trägt in sich die Kraft der Erneuerung, der Keimkraft, der (Wieder-)Geburt und Vitalenergie. Es gilt auch als Symbol von Fruchtbarkeit, Vollkommenheit, Gesundheit und Schönheit.

Der Dotter symbolisiert das Metall Gold und die Sonne und das Eiweiß das Metall Silber und den Mond.

Das Oval symbolisiert
□ Geborgenheit und Schutz,
□ Güte und Liebe,
□ Lebenskraft und Vitalität,
□ Einheit und Gesundheit.

Verwendung im Schmuck: Oft werden Edelsteine als ovale Cabochons oder facettierte Steine geschliffen. Sie haben eine schützende, erfrischende Ausstrahlung, die viele Menschen anspricht. Mit einem entsprechenden Schutzstein wie Türkis oder schwarzem Turmalin kann diese Aussage noch betont werden.

PFEIL

Pfeile fliegen gerade und schnell und durchbohren, was sie treffen. Sonnenstrahlen werden daher auch als Pfeile (des Lichts) dargestellt und stehen für Erkenntnis.

Der Pfeil symbolisiert Zielstrebigkeit, Richtungsweisendes, Schnelligkeit, Impuls, Drohung, Verletzung, Leben und Tod.

Der zerbrochene Pfeil zeigt den Friedenswillen an.

Im Hinduismus stellt der Pfeil die Silbe Om dar. Er wird auch als Phallus- und Fruchtbarkeitssymbol verwendet. Wird man vom Pfeil des Liebesgottes ins Herz getroffen, entflammt die Liebe. Das vom Pfeil durchbohrte Herz symbolisiert den Liebesbund.

Der Pfeil hilft uns,

☐ aktiv zu werden,

☐ unsere Pläne zu verwirklichen,

☐ intuitive Impulse besser wahrzunehmen,

☐ bewußter zu werden und

☐ neue Erkenntnisse zu erlangen.

Verwendung im Schmuck: Als Symbol der Liebe kann der Pfeil besonders mit roten Steinen und als Erleuchtungssymbol mit weißen und gelben Steinen kombiniert werden.

SPIRALE

Die Spirale ist, wie der Kreis, eine dynamische Figur, die sich mit der Drehung vergrößert und damit mehr Energie ansammelt. Sie verbindet die Pole wie Anfang und Ende, Geburt und Tod und macht bewußt, daß beides miteinander verbunden ist.

Die linksdrehende Spirale (von der Mitte aus gesehen gegen den Uhrzeigersinn) windet sich zurück zum Anfangspunkt wie die Ebbe im Meer, der abnehmende Mond oder der Tod.

Die rechtsdrehende Spirale (von der Mitte aus gesehen, mit dem Uhrzeigersinn) entwickelt sich. Sie expandiert wie die Flut im Meer, der zunehmende Mond, Muscheln und Schnecken und wie das Leben.

Die Doppelspirale, die beide Spiralen vereint, zeigt die Zusammengehörigkeit von Tod und Leben, das Werden und Vergehen der Natur. Auch jede einfache Spirale ist in diesem Sinne eine Doppelspirale, da man sie ja in beide Drehrichtungen lesen kann, nach innen und nach außen.

In der dreidimensionalen Doppelspirale kommt außer der Verbindung der Polaritäten Tod und Leben noch der Aspekt von Höhe und Tiefe ins Spiel, das Über-sich-Hinauswachsen, Zu-geistiger-Höhe-Finden und In-die-Tiefe-Gehen im Sexuellen, Leiblichen, Triebhaften.

Diese Doppelspirale findet man auch in der DNS-Doppelhelix, die den genetischen Code in sich trägt. Verblüffende Parallelen tauchen auch zum Weltschlüssel I Ging auf.

Die Kundalinischlange, die nach indischen Vorstellungen ihren Sitz im Wurzelchakra, also im Genitalbereich hat und dort zusammengerollt ruht, steigt mit der Entfaltung des Menschen spiralförmig die Wirbelsäule empor und bringt die sexuelle Urkraft in den Kopfbereich. Erleuchtung verhilft zur Transformation in höhere Ebenen.

Die Spirale symbolisiert
☐ die Erneuerung des Lebens,
☐ das Werdende,
☐ Wiederholung, Fruchtbarkeit,
☐ das Umkreisen von Problemen bis zur Lösung und
☐ Zentrierung.

Verwendung im Schmuck: In Verbindung mit Edelsteinen, die Anfangs- und Endpunkt markieren. Die Drehrichtung sollte dabei ebenfalls beachtet werden – je nachdem, welche Aussage man erreichen will.

BLUMEN

Der Spruch »laßt Blumen sprechen« spiegelt die Ausdruckskraft der Blüten wieder. Denn Blumen werden in vielen Bereichen des täglichen Lebens eingesetzt, um Freude (Geschenk), Trauer (Beerdigung), Glückwünsche (Hochzeit, Examen), Liebe (Beziehungen), Sympathie, Willkommen oder Feierlichkeit (Festschmuck) auszudrücken.

Sowohl über ihre Farbsymbolik, als auch über die Anzahl ihrer Blätter und Stempel (Zahlensymbolik) entschlüsseln sie ihren tieferen Sinn. Da Blumen außerdem die Fortpflanzungsorgane der Pflanzen sind, übermitteln sie oft Botschaften der Liebe und Erotik.

Als Schmuckstück werden Blumen meist unter Verwendung farbiger Edelsteine oder mit farbiger Emaille dargestellt.

HYAZINTHE

Der griechische Held Hyakinthos, der ungewollt von einem Gott erschlagen wurde, hat dieser Blume seinen Namen gegeben. Denn die Sage erzählt, daß die Hyazinthe aus seinem Blut wuchs. Daher steht diese Blume für neues Wachstum, den Frühling und die Lebenserneuerung.

»Sind deine ird'schen Güter ganz entschwunden,
hast du in deinen Schätzen nur zwei Brote noch gefunden,
verkaufe eins davon, und kauf' mit dem Erlösten
dir Hyazinthen, daß sie deine Seele trösten.«

So hilft uns die Hyazinthe,
☐ Altes und Überholtes abzuschütteln und
☐ wie Phönix aus der Asche neu anzufangen,
☐ uns an Schönem zu erfreuen, und so
☐ Schmerz und Leid leichter zu vergessen und zu überwinden.

LILIE

Wenn man von der Lilie als Symbol spricht, ist vorwiegend die weiße Lilie gemeint.

Sie repräsentiert Reinheit, Unschuld, Enthaltsamkeit, sowie das Licht. Sie gilt als christliches wie auch als uraltes Symbol vieler Königshäuser, die sich in der Heraldik besonders ausdrückt. Im französischen Wappen ist sie als Fleur-de-lis bekannt und symbolisierte auch das französische Königshaus.

In der Zahlenmystik ist die Lilie der Zahl Drei zugeordnet, der Zahl ihrer Blütenblätter.

Die Lilie empfiehlt uns
☐ eine reine Gesinnung,
☐ klare Absichten und
☐ eine lichtvolle Entwicklung.

Verwendung im Schmuck: Die Lilie eignet sich für Siegelringe, in Onyx, Karneol oder Jaspis geschnitzt.

Als Anhänger eignen sich Schnitzereien aus Mondstein. Hochwertigen Schmuck arbeitet man möglicherweise aus Brillanten und Gold.

LOTOS

Der Lotos wächst auf schlammigen Seen und Teichen, getragen von riesigen Blättern und kräftigen Wurzeln. Große Ansammlungen dieser Pflanze sind im Amazonasgebiet zu finden. In der fernöstlichen Mythologie stellt der Lotos ein wichtiges Symbol für Gottheiten dar.

Er gilt als Lichtsymbol, weil sich seine Blütenpracht mit dem ersten Sonnenstrahl entfaltet, während sie sich abends in das Wasser zurückzieht.

In die westliche Welt kehrte der Lotos mit der Esoterik ein, als ein Symbol der Meditation, der menschlichen Chakren, der Körperbeherrschung in Yoga, der Harmonie und auch als Sinnbild der Schöpfung.

Gemeinsame Auffassungen über den Lotos wie auch über die Seerose als Reinheitssymbol herrschen im europäischen Raum vor.

Rötliche Blüten werden der Sonne, bläuliche dem Mond zugeordnet.

In der Zahlenmystik entsprechen die Blütenblätter der Zahl Acht, der kosmischen Harmonie.

Lotos lehrt uns
☐ Sonne und Licht aufzunehmen,
☐ uns zu öffnen für das Leben und die Mitmenschen und
☐ durch Meditation zu mehr Harmonie zu gelangen.

Verwendung im Schmuck: Der Lotos wirkt besonders als Anhänger oder Brosche, z. B. aus feiner Jade geschnitzt mit eingelegter Koralle. Gut geeignet für Harmonieschmuck sind in Gold eingelegte rosa, gelbe, hellblaue oder violette Saphire im Schiffchenschliff als Lotossymbol. Saphire fördern den Glauben an die Schöpfung und an sich selbst.

Eine andere Variante sind Turmaline in ihren vielfältigen Farben.

Eine Rarität stellt das Symbol der Lotosblüte mit farbigen Brillanten (Farbreihe) dar.

ORCHIDEE

Die Orchidee (griech. Orchis = Hoden) hat ihren Namen wegen ihrer doppelten Wurzelknollen. Von daher gilt die Orchidee als Aphrodisiakum und Symbol der Fruchtbarkeit, Erotik und der Fülle.

Die Orchidee ist eines der edelsten Blumengeschenke und kann als Zeichen der Verehrung, der Liebe, des Luxus und auch des Begehrens gelten.

Die Orchidee regt uns an,

☐ Fülle in unser Leben zu bringen,

☐ Schönheit zu begrüßen und

☐ unsere Gefühle zu zeigen und auszudrücken.

ROSE

Die Rose als ewiges Symbol der Liebe spielt im abendländischen Bereich eine ähnlich wichtige Rolle wie in der östlichen Kultur der Lotos.

Als Blume wird ihr Duft genauso geschätzt wie ihre ausdrucksvolle Schönheit und Farbenpracht – rot, rosa, gelb, weiß und viele neugezüchtete Farben.

Die Blüte der Rose hat ihre Bedeutung auch in der geheimnisvollen Anordnung ihrer Blütenblätter, die man zuweilen in der Zahlenmystik mit der Zahl Fünf, dem geistigen Prinzip, verbindet oder mit der Zahl Sieben, der Symbolik der Planeten. Kirchenfenster, Deckenornamente und Mosaiken sind oft im Grundriß der Rose ausgebildet.

Das Symbol der Rose bedeutet heute Liebe und Zuwendung, die von Herzen kommt. Je nach Farbe drückt die Rose etwas Besonderes aus.

Die Rose lehrt uns,

☐ unsere Schönheit zu entfalten,

☐ unsere Liebe, Gefühle und Gedanken mitzuteilen,

☐ geistige Entwicklung und

☐ Lebensfreude.

Verwendung im Schmuck: Rosenmotive als edle Schnitzereien z. B. aus Koralle, farbigen Turmalinen oder feine Goldarbeiten mit Brillanten, rosa oder gelben Saphiren oder einem Rubin als Zentrum sind eine erlesene Liebesgabe.

SONNENBLUME

Die Sonnenblume symbolisiert nicht nur durch ihre Blütenblätter die Strahlen der Sonne, sondern sie folgt auch mit Ihrer Blüte dem Lauf der Sonne von Ost nach West. Daher ist sie ein christliches Symbol für die Hinwendung zu Gott und zum Licht.

Heute ist die Sonnenblume in Design und Symbolik sehr präsent.

Sie lehrt uns,
☐ uns auf große Ziele zu konzentrieren,
☐ unser Licht leuchten zu lassen,
☐ unsere Talente zu entfalten und
☐ zu unserer wahren Stärke zu finden.

Verwendung im Schmuck: Wie das Sonne findet sich die Sonnenblume oft als Design oder Schmuck.

Besonders Bernstein, Chrysoberyll, Pyrit, Goldtopas, Rutilquarz und Zitrin symbolisieren die Sonnenenergie und passen zur Sonnenblume.

VEILCHEN

Das blau bis violett blühende Veilchen steht im Volksmund für Bescheidenheit, Demut und Tugendhaftigkeit.

Auch als Liebeszeichen zur Brautwerbung wurde das Veilchen volkstümlich.

Im medizinischen Sinne wird diese Pflanze als eine der ersten des Frühlings wegen ihrer kühlenden Wirkung geschätzt, heute meistens als Tee.

Das violette Veilchen ist dem Planeten Venus zugeordnet.

Das Veilchen zeigt uns
□ Bescheidenheit,
□ Ruhe und
□ Demut.

Verwendung im Schmuck: Das Veilchen wird seit langer Zeit als kleines Sträußchen mit anderen Edelsteinen gemeinsam dargestellt. Es wird in dieser Verarbeitung, meistens aus Amethyst, immer beliebt bleiben.

Interessant wäre ein größeres Veilchen aus blauen oder violetten Turmalinen geschnitzt. Das Zentrum aus Brillant oder feingeschliffenem klaren Turmalin in gelber Farbe, evtl. Saphir und als Anstecknadel gearbeitet.

TIERE

ADLER

Als »König der Vögel«, der am schnellsten und höchsten fliegt, hin zu Licht und Himmel, steht der Adler für Freiheit, Geist, Kraft, Scharfblick, Stärke und Ausdauer.

Aus seiner Höhe hat er die Übersicht, eine höhere Sichtweise, sowie Klarheit des Sehens und Denkens. Er symbolisiert spirituelle und mentale Erkenntnis und schafft die Verbindung zum höheren Selbst und zur Erleuchtung. Seine Federn sind Symbole der Sonnenstrahlen. Er stellt Macht dar, die Umwandlung sexueller Energien sowie das Erreichen hochgesteckter Ziele.

Sowohl als Kaisersymbol, als auch in Staatswappen und auf Münzen wurde der Adler verwendet. Der doppelköpfige Adler stand für Kaiser und König.

Der *Adler mit der Schlange im Schnabel* galt (u. a. bei den Azteken) als Töter von Schlangen und Drachen und symbolisiert damit den Sieg des Lichtes über die Finsternis. Der *Adler mit einem Stein in den Krallen* gilt als Ausdruck von Schöpfungskraft und Ideenreichtum. Ein *fliegender Adler* steht für die Erhebung über die materiellen Verwicklungen und für klare Erkenntnis.

In China symbolisierte ein *Adler auf einem Felsen* den Einzelkämpfer und ein *Adler auf einer Kiefer* das lange Leben in beständiger Kraft.

Im Christentum entsprach ein *Adler mit einem Fisch in den Krallen* Christus, der den Gläubigen aus dem Taufbecken hebt: Sieg und Auferstehung.

Der Adler lehrt uns,
☐ innere Freiheit anzustreben,
☐ uns nicht im täglichen Allerlei zu verlieren, sondern den großen Überblick zu behalten,
☐ auf unsere innere Stimme zu vertrauen und geistige und spirituelle Erkenntnis anzustreben,

☐ unsere großen Ziele im Auge zu behalten und sie mit Ausdauer zu verfolgen,
☐ unserer Kraft zu vertrauen.

Verwendung im Schmuck: Der Adler wird in Verbindung mit blauen und violetten Edelsteinen, die für geistige und spirituelle Erkenntnis stehen, verarbeitet. Er ist das Zeichen für die Entwicklung der inneren Freiheit und Erkenntnis.

BÜFFEL

Für die nordamerikanischen Indianer war der Büffel die Grundlage des Lebens, denn er versorgte sie mit Nahrung (Fleisch), Kleidung (Fell) und Material für Waffen. Daher galt er auch als das wichtigste Tier, das den Großen Geist symbolisierte.

Der Büffel steht für Leben, Fülle, Kraft, Ausdauer, Fleiß, Toleranz, Geduld, Tradition und Teilen.

Der Büffel lehrt uns,
☐ voll Ausdauer und Fleiß unsere Aufgaben zu erfüllen,
☐ andere an unserem Wissen und unserer Fülle teilhaben zu lassen,
☐ unsere innere Stärke für unser Lebensziel einzusetzen,
☐ tolerant zu sein und unsere Mitmenschen so anzunehmen, wie sie sind,
☐ die Weisheit der Tradition zu erkennen.

Verwendung im Schmuck: In Verbindung mit roten, braunen und schwarzen Steinen symbolisiert der Büffel Kraft und Erdverbundenheit. Mit gelben und grünen Steinen steht er für Fülle und Wohlstand. Mit blauen Steinen repräsentiert er Toleranz und Geduld.

DELPHIN

Der Delphin stammt aus der Familie der Wale und gilt als »König der Fische«. Er wird wegen seiner Anhänglichkeit den Menschen gegenüber, seiner Gelehrigkeit und Heiterkeit hoch geschätzt. Schon Odysseus sah die Delphine als Symbol für Liebe und Fleiß. Die Delphinsprache ist ein fröhlicher Singsang-Ton. Wegen ihres Gemeinschaftsverhaltens sind die Delphine dem Menschen ein Symbol für Familiensinn, Freundlichkeit und Sicherheit. Denn Menschen wurden schon des öfteren von Delphinen vor Haiangriffen oder vor dem Ertrinken gerettet.

Delphine haben uns Menschen mit ihrer hohen Lebensordnung schon manche Denkanstöße gegeben. Zum Beispiel die transverbale Kommunikation und das Delphin-Management wurde vom Verhalten der Delphine abgeleitet.

Der Delphin steht für
☐ Sicherheit,
☐ Schnelligkeit,
☐ soziales Verhalten,
☐ Frohsinn,
☐ Kommunikation und
☐ die Macht des Wassers.

Verwendung im Schmuck: Nachbildungen aus Silber oder Gold als Ringe, Anhänger und Ohrhänger sind besonders von jungen Menschen gefragt. Delphine werden auch als Amulett gegen Schiffbruch getragen. Ein *Delphin mit Anker* symbolisiert die Gegensätze Geschwindigkeit und Stillstand. Zum Delphin passen Aquamarin, Larimar, Türkis, Chrysokoll und hellblauer Saphir.

DRACHE

Der Drache ist ein mythologisches Mischwesen aus Vogel und Reptil, mit Adlerklauen und Löwenpranken. Oft wird er als mehrköpfige, feuerspeiende, schuppige Flugechse geschildert, die unermeßliche Schätze bewacht. Der Drache hielt in der Schöpfungsmythologie das lebensspendende Wasser zurück, wollte Sonne und Mond verschlingen und das Chaos bringen. Sein Blut verlieh übermenschliche Kräfte und machte unverwundbar (Siegfriedsage). Die mythischen Helden zogen aus, um den Drachen zu töten. Auch der Erzengel Michael und der heilige Georg gelten als Drachenbezwinger. Zu Füßen Marias liegend, gilt er als Zeichen der Überwindung der Erbsünde.

In Ostasien wird der Drache als mächtiges, gutgesinntes Wesen, als Symbol für die Kraft des Wassers, für Fruchtbarkeit und Männlichkeit angesehen. Der Drache ist eines der zwölf chinesischen Astrologiezeichen. Er ist mit dem Frühling, mit Neubeginn, Stärke, Gesundheit, Erfolg und Wachstum verbunden.

Der Drache steht für

☐ Fülle, Reichtum und Wohlstand, sowohl im materiellen, wie auch im geistigen Bereich,

☐ die Kundalinikraft, die feurige Kraft im Basischakra, die, wenn sie über die Wirbelsäule aufsteigt, den Geist erleuchten kann,

☐ unsere Schattenseite, unterdrückte Aggressionen,

☐ ursprüngliche Lebenskraft,

☐ Wachstum und langes Leben.

Verwendung im Schmuck: Rote Steine, wie der Rubin, verstärken die feurige Kraft des Drachen. Grüne Steine, wie Smaragd und Jade, verstärken den Aspekt der Fülle und des Wohlstands. Das Drachensymbol lehrt uns, unsere inneren Kräfte und die Wachstumschancen richtig zu nutzen.

EIDECHSE

Die Eidechse ist ein flinkes, kluges Tier, das die Sonne liebt. Es ist Symbol der Liebe zum Licht, des Lebens im Lichte sowie von Kommunikation und Geschicklichkeit.

Da die Eidechse, wenn die Hitze zu stark wird, auch den Schatten liebt, ist sie in der indianischen Kultur Symbol der Schatten, der Ängste, der Traumwelt, der Zukunft und damit des Mondes.

Die Eidechse lehrt uns,
☐ Licht in unsere Schattenseiten zu bringen,
☐ unsere Träume zu beachten und zu deuten,
☐ aus unseren Träumen zu lernen, bevor wir sie in die Tat umsetzen,
☐ daß wir unsere Wirklichkeit selbst erschaffen, durch unsere Gedanken.

Verwendung im Schmuck: Verbunden mit Sonnenstein, Pyrit, Granat, Bergkristall (Symbole der Sonne und des Lichtes) in Gold gefaßt oder auch mit Mondstein und Labradorith (stärkt den lunaren Aspekt) in Silber gefaßt. Verwandte Symbole: Sonne, Kreis, Mond.

EINHORN

Das Einhorn ist ein seit 400 v. Chr. bekanntes Fabelwesen. Es wird verschieden dargestellt, meist als elegantes, weißes, eselartiges Pferd mit einem Horn auf der Stirn. Sein Horn galt als magisches Symbol, heilkräftig und neutralisierend für Gift.

Das Einhorn ist Symbol für Reinheit, Stärke, Glück, Kreativität, Langlebigkeit, Sanftheit, intuitives Wissen, Einsamkeit, Mond, Magie, Macht und Weiblichkeit.

Es ging die Sage, man könne es nur mit Hilfe einer Jungfrau fangen. Das bedeutet, man kann die magische Kraft, die intuitiven Fähigkeiten nur in einem reinen, empfänglichen und passiven Zustand erreichen.

Das Einhorn lehrt uns,
☐ Erwartungen und Ansprüche loszulassen,
☐ auf die innere Stimme zu vertrauen,
☐ Kreativität in den Alltag zu bringen,
☐ auch Wunder in unserem Leben zuzulassen.

Verwendung im Schmuck: Da das Einhorn ein lunares, weibliches Symbol ist, paßt es gut zu Weißgold, Silber, Aquamarin, rosa Diamant, Mondstein, Smaragd, Bergkristall (Reinheit) und Rosenquarz.

ELEFANT

Der Elefant, geschätzt wegen seiner Stärke, Ausdauer und Klugheit, ist Symbol für Macht, Weisheit, Kraft, Geduld, Treue und Liebe.

Seine Langlebigkeit versinnbildlicht auch die Ewigkeit und die Überwindung des Todes.

Der Elefant lehrt uns,
☐ daß Geduld und Ausdauer auch zum Ziel führen können,
☐ unsere Talente und Stärken bestmöglich einzusetzen,
☐ daß Liebe und Treue dem Leben Fundament geben,
☐ auf die Weisheit unserer inneren Stimme zu hören.

Verwendung im Schmuck: Als Steine eignen sich Diamant (Ewigkeit, Treue), Sodalith, Lapislazuli, Saphir (Weisheit), Onyx (Kraft), Rubin (Liebe) und Aventurin (Geduld). Gold paßt gut zu diesem Symbol, aber auch Silber, Weißgold und Platin.

EULE

Die Eule ist ein doppeldeutiges Symbol, wie ein Streifzug durch die Kulturen zeigt. In Ägypten und Indien galt sie als Totenvogel und stand für Tod, Passivität und Finsternis.

In Griechenland war sie das Zeichen und die Beraterin für die Göttin der Weisheit und Wissenschaften, Pallas Athene. Die Münzen Athens trugen die Eule als Wappentier.

Im Christentum war die Eule einerseits Attribut für geistige Finsternis und andererseits für beschauliche Weisheit.

In Altmexiko verkörperte sie mit Gelehrsamkeit und Wissen den Regengott, wurde aber bei den Azteken für ein dämonisches Nachtwesen gehalten. Manchen gilt die Eule heute noch als Unglücks- oder Todesbote.

Aber Eulen sind auch ein beliebtes Symbol in aller Welt, denn man verbindet mit ihnen Weisheit, Wahrheit, Wissen und Intuition. »Eulensammler« mit Kollektionen sämtlicher Arten von Eulen aus vielen verschiedenen Materialien empfinden eine tiefe Zuneigung zu diesem Symbol. Als Nachtvogel sieht die Eule die verborgenen Dinge und stellt den aufmerksamen Wächter dar. Sie symbolisiert außerdem kritisches Bewußtsein, Magie, Scharfblick, Geduld und Achtsamkeit.

Die Eule lehrt uns,
☐ achtsam und aufmerksam zu sein,
☐ auf unsere Intuition und unser inneres Wissen zu vertrauen,
☐ die verborgenen und unklaren Seiten unseres Wesens zu ergründen,
☐ Hinweise, Symbole, Träume und Eingebungen zu beachten.

Verwendung im Schmuck: Zur Eule als Symbol für Hellsichtigkeit, Nachdenklichkeit, Weisheit und Gelehrsamkeit passen Azurit, Mondstein, Lapislazuli, Labradorith, Onyx, Saphir, Amethyst und Sugilit. Als Metall paßt Silber (Mond, Nacht), Weißgold und Platin.

FISCH

In alten Kulturen galt der Fisch als Teil des Unterirdischen, denn auch das Meer in seiner Tiefe, Unendlichkeit zählte zum dunklen Teil der Erde.

In China sind Fische Symbol für Überfluß und Reichtum. In den Häusern stellte man oft edelsteinverzierte Fischbassins auf. *Mit der Lotosblume zusammen* war der *Fisch* Zeichen für Glück und langes Leben. Für Ehepaare versprach dieses Symbol Harmonie und gemeinsame sexuelle Freuden.

In Ägypten repräsentierte der Fisch die jenseitige Welt wie auch geistige Macht.

Im Christentum ist er Christussymbol, Zeichen der Taufe, der Unsterblichkeit, der Auferstehung und der Fruchtbarkeit. *Zwei Fische* bedeuten weltliche und geistige Macht.

Der Fisch steht für
☐ unsere verborgenen Eigenschaften,
☐ Zeugung und Leben,
☐ die Kraft des Wassers und der Kreativität,
☐ Glück und Lebensfülle.

Verwendung im Schmuck: Dieses Symbol wird durch Edelsteine wie Larimar, Aquamarin, Türkis, hellblauen Saphir und Labradorith noch unterstrichen. Verwandte Symbole sind Delphin, Wellen, Spirale und die Farben hellblau und hellgrün.

HUND

Der Hund, von jeher geschätzt als treuer Freund des Menschen, Jagdgefährte und Wächter, ist Symbol für Wachsamkeit, Treue, Klugheit und Verbundenheit.

Er galt auch als Wächter des Tores zum Jenseits und der Sterbenden und war in einigen Kulturen Sinnbild für den Tod und das Ende eines Jahres. In Ägypten war der schakalköpfige Totengott

Anubis Beschützer und Wächter. Er war zuständig für die Mumifizierung, für den Transport der Toten ins andere Reich, und er war auch beim Totengericht dabei. Die schwarze Farbe seines Fells galt als Symbol der Wiedergeburt.

Der Hund lehrt uns
☐ Wachsamkeit,
☐ anderen zu helfen,
☐ treue Freunde zu sein,
☐ treue und loyale Verbündete zu suchen.

Verwendung im Schmuck: Da der Hund in manchen Kulturen Symbol für den Mond und in anderen für die Sonne war, eignet sich sowohl Silber als auch Gold als Metall. Passende Edelsteine sind Sodalith, Saphir, Tansanit, Lapislazuli, Rutilquarz und Heliotrop.

KATZE

Eine schwarze Katze, die einem über den Weg läuft, wird im Volksmund oft als Unglücksbote betrachtet, denn sie gilt als Tier mit magischen Kräften. Bekannt ist sie auch durch Märchen, in denen Hexen und Magier eine schwarze Katze als Begleiter und Helfer haben.

Allgemein gilt die Katze jedoch als Glücksbringer und Helfer zur Wunscherfüllung. Die Ägypter stellten zunächst den Gott Re und später die Göttin Bastet als Katze dar. Bastet verkörperte, im Gegensatz zur Löwengöttin Sachmet, den gnädigen, besänftigenden Aspekt.

Die Katze ist den Sternzeichen Steinbock und Fische zugeordnet.
Die Katze steht für
☐ Weiblichkeit,
☐ Glück und Gnade,
☐ Individualität,
☐ magische Fähigkeiten,
☐ Geschicklichkeit und Anmut,
☐ Geheimnisse und Magie.

Verwendung im Schmuck: In Verbindung mit violetten und schwarzen Steinen.

LÖWE

Der Löwe als »König der Tierwelt« repräsentiert majestätische Schönheit, Stärke, Mut, Kraft, Macht, Selbstvertrauen, Würde und Wachsamkeit.

Er ist Symbol der Sonne (die strahlenähnliche Mähne des männlichen Löwen), des Goldes und der Auferstehung. In Ägypten wurde die Göttin Sachmet (Sechmet), die »Mächtige«, als Frau mit Löwenkopf dargestellt. Mit ihrer Sonnenglut vernichtete sie ihre Feinde, sie galt als gefährliche und unberechenbare Göttin, die krank machen, aber auch heilen konnte. Ihre Aufgabe war die Erhaltung der göttlichen Ordnung. Ärzte waren oft Priester der Sachmet.

Zusammen im *Kampf mit einem Stier oder Reh* repräsentiert er den Sieg des Lichtes über die Finsternis, des Tages über die Nacht, des Sonnenaufgangs über den Sonnenuntergang und der Wiedergeburt.

Zwei Löwen, die nach Osten und Westen sehen, bedeuten Gestern und Heute, Gegenwart und Zukunft.

In der Bibel wird der Löwe über hundertmal erwähnt, selbst Gott wurde mit einem Löwen verglichen. Der Evangelist Markus hatte den Löwen als Symbol. Auch als Wappentier kommt der Löwe sehr häufig vor.

Der Löwe lehrt uns
☐ Kraft, Offenheit, Mut und Selbstvertrauen (Löwenherz),
☐ zu unseren Entscheidungen zu stehen,
☐ unsere verborgenen Talente zum Vorschein zu bringen,
☐ mit Würde zu leben.

Verwendung im Schmuck: Dieses Symbol sollte in Gold (Sonne) gearbeitet werden, eventuell mit Chrysoberyll, Diamant, Granat, Rubin, Rutilquarz, Sonnenstein, Topas, Zitrin oder Bernstein. Es stärkt Selbstvertrauen, Kreativität und Tatkraft und zieht Gesundheit, Erfolg und Reichtum an. Das Sonnensymbol und der Kreis passen gut zum Löwen.

MUSCHEL

Die Muschel gleicht in ihrer Form dem weiblichen Geschlechtsorgan und symbolisiert Weiblichkeit, Sexualität und Fruchtbarkeit. Ihre starken Schalen stehen für Schutz und Verschwiegenheit (»Ich bin stumm wie eine Auster«).

Verwendung im Schmuck: Die weiße Muschel wird mit dem Mond und der Weiblichkeit verbunden. Dafür würde sich als Aussageverstärkung Silber, Perle und Mondstein anbieten.

Ansonsten läßt sich die Muschel mit den meisten Steinen und auch mit Gold kombinieren.

PANTHER (LEOPARD)

Der Panther wird gefürchtet und bewundert wegen seiner Wildheit, List und Geschmeidigkeit. Als besonders gefährlich gilt der schwarze Panther.

Der Leopard war ein Attribut der griechischen Göttin der Tiere und der Jagd, sowie des Weingottes Dionysos.

Der Panther lehrt uns
- □ Geschmeidigkeit verbunden mit Kraft,
- □ Kreativität und Einfallsreichtum,
- □ sich seinem Ziel zu nähern, ohne Lärm zu machen (darüber zu reden),
- □ unsere Individualität zu leben.

Verwendung im Schmuck: Der schwarze Panther, geschnitzt in Onyx, Obsidian, schwarzem Turmalin oder schwarzer Jade, eventuell mit Rubinaugen. Andere Leopardenfiguren auch zusammen mit Rubin, Karneol, Feueropal und Jaspis.

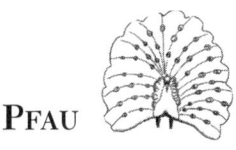

PFAU

Im Buddhismus stellt der Pfau mit seinem Federrad die Sonne und auch den Sternenhimmel dar. Buddha wird manchmal als Pfauenkönig dargestellt. Der Pfau wird mit Mitgefühl und Wachsamkeit verbunden.

In China stand der Pfau für Würde, Schönheit und hohe Stellung.

Der persische Königsthron wurde Pfauenthron genannt. Im Islam ist der Pfau Sinnbild für den Kosmos, aber auch für Sonne und Mond.

Der *Pfau mit einer Schlange im Schnabel* gilt als Lichtgestalt, welche die Dunkelheit überwindet.

Da dem Pfau im Frühling neues Gefieder wächst, gilt er als Frühlings- und Auferstehungssymbol.

Die Schattenseiten des Pfaus sind Stolz und Eitelkeit.

Der Pfau steht für
☐ langes Leben und Unsterblichkeit,
☐ Mitgefühl und Liebe,
☐ Sonne, Mond, Sterne und Kosmos,
☐ Schönheit und Würde,
☐ Achtsamkeit.

Verwendung im Schmuck: Als Steine eignen sich besonders Diamant, Opal, Chrysopal, Sonnenstein, Tigerauge, Topas Imperial (orangefarben) und Zitrin, am besten in Gold gefaßt. Der Pfau paßt gut zur Spirale, zum Kreis und zur Sonne.

PFERD

Pferde sind schon seit langer Zeit Begleiter des Menschen. Sie helfen ihm beim Transport und bei der Arbeit. Sie erleichterten das Leben und beschleunigten die Übermittlung von Nachrichten. Die Indianer verehrten das Pferd als Krafttier und Vermittler von geistigen Botschaften.

Das Pferd repräsentiert sowohl die **Sonne**, besonders als *weißes Pferd* in Verbindung mit Licht, Leben, Jugend, Kraft, Männlichkeit, Sexualität, Weisheit und Mut, als auch den **Mond**, vor allem als *schwarzes Pferd* in Verbindung mit Weiblichkeit, Wasser, Meer, Chaos und dem Totenreich.

Außerdem ist das Pferd Symbol für Beweglichkeit, Kommunikation und Stärke.

Das Pferd lehrt uns
☐ Weisheit, Verständnis und Mitgefühl,
☐ unsere Macht liebevoll und fürsorglich zu benutzen,
☐ Verantwortung zu übernehmen,
☐ geistigen Austausch zu pflegen und
☐ sich mitzuteilen.

Verwendung im Schmuck: Soll der männliche, solare Aspekt betont werden, dann könnte man als Metall Gold und als Steine Diamant, Bergkristall, Sonnenstein, Pyrit, Zitrin, Karneol und Goldtopas verwenden.

Wenn die weibliche, lunare Symbolik betont werden soll, nimmt man als Metall Silber, Weißgold oder Platin und als Steine Mondstein, Aquamarin, Türkis, Labradorith oder Saphir.

SCHILDKRÖTE

Die Schildkröte ist mit ihrem starken Panzer ein Begriff für Schutz und Geborgenheit und steht für ein langes Leben und Unsterblichkeit, aber auch für Fruchtbarkeit, Mütterlichkeit und Weisheit.

Die Struktur ihres Panzers versinnbildlicht in China das Universum und den Himmel. Daher gilt sie als Glückssymbol, das Kraft und Unterstützung bringt und Gesundheit und Lebensfreude anregt.

Die Schildkröte lehrt uns,
☐ auf den Boden der Tatsachen zu kommen,
☐ uns vor Angriffen und negativen Gefühlen zu schützen,
☐ unsere Aufgaben mit Geduld und Ausdauer zu erledigen,
☐ neue Pläne in Ruhe reifen zu lassen.

Verwendung im Schmuck: Da die Schildkröte auch Wasser, Mond und Erde symbolisiert, eignen sich besonders Edelsteine wie Achat, Aquamarin, Jaspis, Mondstein, Silex, Labradorith, Onyx und als Metall Silber zur Kombination.

SCHLANGE

Wie ihre gespaltene Zunge ist auch der Symbolgehalt der Schlange zwiespältig.

Auf der einen Seite sind es ihr Körperbau, ihre Fortbewegung über die Erde ohne Beine, ihre Lebensgewohnheiten, ihr unheimlicher, bannender Blick und ihr gefährliches Gift, was abstoßend wirkt.

Auf der anderen Seite signalisiert ihre Spiralform Lebenskraft aus der Tiefe. Sie ist als Heilschlange im Äskulapstab (von Asklepioskult) Sinnbild des Lebens und der Gesundheit und steht in einigen Kulturen für Weisheit, Sonnenkraft und sexuelle Energie und kann Tiersprachen vermitteln.

Der Stab Aarons verwandelte sich in eine Schlange und wendete sich gegen seine Gegner. Der Wandlungscharakter der Schlange zeigt sich auch in der Häutung. Sie steht für Verjüngung und Erneuerung der Lebenskraft – ein Sinnbild der Ewigkeit und des ewigen Lebens.

Der erdnahe, weibliche Aspekt zeigt das Instinkthafte, Triebhafte, Schöpferische ihres Charakters. Die Schlange ist sowohl Symbol der Weisheit, als auch der Unterwelt, des Totenreiches (ihr tödlicher Biß) und der Wiedergeburt (das Ablegen der alten Haut). Als Schutzgeist gilt sie als Hüterin von Schätzen und des Wassers.

Als Kundalini-Schlange mit Sitz im unteren Ende der Wirbelsäule des Menschen bedeutet sie Kraft, Dynamik, sexuelle und schöpferische Energie.

Ihr männlicher Aspekt zeigt sich in ihrer phallischen Form, und ihr dreieckiger Kopf steht für das weibliche Geschlecht, den alles verschlingenden Bauch.

Die Schlange als Symbol taucht in fast allen Kulturen auf:

Sowohl die Uroboros (**Griechenland**), die sich in den Schwanz beißt, als auch die Ananta sind Schlangen, die Wiederkehr in zyklischer Form, Kreislauf (z. B. des Jahres, der Jahreszeiten) und Erneuerung symbolisieren.

Die **ägyptische** Uräusschlange mit ihrem scheibenförmig erweitertem Oberkörper ist Sinnbild für die solaren Gottheiten (Uräus, Re) und für die Liebe zur Sonne. Sie war zuständig für Pflanzenwachstum und galt als Symbol der Macht.

Die **indischen** Schlangensteine sollten Kindersegen bringen.

Als **aztekische Coatl** (gefiederte Schlange) war sie ein Tageszeichen im Kalender und sorgte für Regen und Vegetation. Bei den **Mayas** war es der Kululcan oder K'ukumatz, bei den **Tolteken** Quetzalcoatl, die Vogelschlange. Sie steht auch im Wappen **Mexicos**.

In **China** entspricht die Schlange als Tiersymbol unserem astrologischen Zeichen Jungfrau. Sie gilt als gefährlich und listig und ist verbunden mit Erde und Wasser (yin). Schlangenherzen werden in China doppelzüngige, lügnerische Menschen genannt.

Im **Christentum** symbolisiert die Schlange im Bischofstab Klugheit.

Bei den **Römern** galten Nattern als Verkörperung der Haus- und Familiengötter.

In **Afrika** werden Schlangen als Geister oder Gottheiten verehrt.

Die Schlange lehrt uns,

☐ alte überholte Muster abzulegen,

☐ unsere Energie (Kundalinikraft) zur Bewußtwerdung zu nutzen,

☐ weibliche und männliche Energien gleichermaßen verschmelzen zu lassen,

☐ Kreativität und Kraft für die Entfaltung unserer Talente einzusetzen,

☐ die Verantwortung für unsere Gesundheit selbst zu übernehmen.

Verwendung im Schmuck: Für Heilberufe als Äskulapschlange, besonders in Verbindung mit Smaragd, in einem Ring oder Anhänger.

Als Energiesymbol (Kundalini) verarbeitet mit Rubin oder Granat. Die Uroboros (kreisförmige Schlange, die sich in den Schwanz beißt) kann mit Amethyst oder Sugilit kombiniert werden.

Besonders bei Schlangensymbolen sollte man die schöpferische Phantasie spielen lassen; dadurch wird die individuelle Aussagekraft des Schmuckstücks unterstrichen.

SCHMETTERLING

Das griechische Wort für Schmetterling heißt »Psyche« also »Seele«, und man verbindet damit die Umwandlung des Menschen vom Unwissenden zum Wissenden, sowie die Entwicklungsreihe Leben – Tod – Auferstehung (Larve – Raupe – Schmetterling).

Der Schmetterling symbolisiert die Vielfältigkeit der Natur, das Loslassen von Belastungen und eingefahrenen Mustern, um der Seele Leichtigkeit zu geben und dem Leben Schönheit zu verleihen.

Der Schmetterling lehrt uns

☐ Leichtigkeit, Wandlungsfähigkeit und Freude,

☐ die Gegenwart und jeden Augenblick voll auszukosten,

☐ Zwänge, Sorgen und belastende Gedanken loszulassen,

☐ daß Umwandlungen und Veränderungen ein wichtiger Teil des Lebens sind.

Verwendung im Schmuck: Bei Schmetterlingen sollte man seiner Phantasie freien Lauf lassen und schöne Steine in verschiedenen Farben zu herrlichen Kombinationen verwenden. Feine Arbeiten aus Gold mit Saphiren, Rubinen, Smaragden, Turmalinen oder Spinellen in den Flügeln, die Fühler mit Brillanten versehen. Prächtig wirken auch Opale oder Chrysoprase, kombiniert mit Brillanten.

SPINNE

Die Spinne hat einen Körper ähnlich einer Acht und besitzt acht Beine. Daher ist sie, wie die Acht, ein Symbol der Unendlichkeit.

Sie gilt als glückbringendes Tier und Gestalterin des Schicksals (sie webt das Netz des Schicksals); aber auch als Symbol von Selbstsucht, nutzlosen Erwartungen und Unglück.

Ihr kunstvoll geflochtenes Netz symbolisiert die göttliche Ordnung, die Sonne mit ihren Strahlen und das Geflecht der Zeit.

Bei den Indianern war sie ein Zeichen für Wind und Donner und schützte vor Schäden.

Die Spinne lehrt uns,

☐ unseren Alltag mit Kreativität schöner zu gestalten,

☐ unsere Talente zu nutzen,

☐ fleißig zu sein,

☐ unser Leben selbst zu gestalten.

Verwendung im Schmuck: In Verbindung mit Edelsteinen wie Türkis, Hämatit oder Steinen, die der Sonne zugeordnet sind, wie Feueropal, Pyrit, Sonnenstein, Goldtopas oder Citrin. Auch als bildliche Darstellung als Spinne im Netz.

TAUBE

Die Taube war in der Antike ein Symbol der Liebe, Unschuld, Keuschheit, Zärtlichkeit und Sanftmut. Im Christentum gilt sie als Symbol des heiligen Geistes, der Reinheit und göttlichen Inspiration. Sie ist sowohl Lebensgeist als auch Seelenvogel.

Mit einem Olivenzweig im Schnabel bringt sie Frieden und Versöhnung.

Zwei Tauben versinnbildlichen Liebe, Verliebtheit, Fruchtbarkeit und eheliche Zuneigung.

In China stehen Tauben für Treue, Rechtschaffenheit und Kinderliebe.

Die Taube lehrt uns,
☐ Liebe und Zärtlichkeit,
☐ auf unsere innere Stimme zu hören,
☐ mehr Sanftmut und Frieden in unser Leben zu bringen.

Verwendung im Schmuck: In Kombination mit Diamant, Bergkristall (Reinheit), Olivin (und Olivenzweig), Amethyst (Inspiration), Rhodochrosit und Rosenquarz (Liebe).

I GING

Das I Ging ist eines der ältesten Orakel- und Weisheitsbücher der Welt. Seit mehr als dreitausend Jahren wird es in China und später auch im Westen zu Rate gezogen. Man sagt, daß alle Ereignisse (Wirklichkeiten) auf dem Zusammenspiel von Yin, dem Weiblichen, Passiven und Yang, dem Männlichen, Aktiven beruhen. Das Buch der Wandlungen stellt Yin als durchbrochene Linie und Yang als durchgehende Linie dar. Der chinesische Weise Fu Shi stellte für die verschiedenen Individuen und Aspekte der Natur acht Trigramme (aus je drei Linien) zusammen. 1150 v. Chr. stellte dann König Wen das I Ging aus 64 Hexagrammen (mit je sechs Linien) zusammen. Der große Gelehrte Konfuzius war vom I Ging beeindruckt und schrieb Kommentare dazu. Befragt man das I Ging, bekommt man als Antwort eines der 64 Hexagramme. Bei der Deutung sollte man alle Lebensumstände mit einbeziehen, da das I Ging oft erstaunliche Zusammenhänge klarmacht und so oft Entwicklungshilfe für Geist und Seele bietet.

Wie befragt man nun das I Ging? Ursprünglich wurde das I Ging mit Tierknochen und Schildkrötenpanzern, später mit Schafgarbenstengeln befragt. Da das sehr umständlich und zeitraubend war, ging man zum Gebrauch von Münzen über. Nehmen Sie dazu drei gleiche Münzen, wobei die **Zahl Yang bedeutet und 3 zählt** und **Wappen, Kopf oder Adler Yin bedeutet und 2 zählt.** Die Befragung Schritt für Schritt:

☐ Stellen Sie Ihre Frage so präzise und knapp wie möglich. Vermeiden Sie Fragen, auf die man mit Ja oder Nein antworten kann. Formulieren Sie z. B.: Was passiert, wenn …?

☐ Schreiben Sie Ihre Frage und das aktuelle Datum und später die Antwort auf einen Zettel.

☐ Entspannen Sie sich, konzentrieren Sie sich auf die Frage, schütteln Sie dabei die drei Münzen in Ihrer Hand und lassen Sie sie fallen, wenn Sie dazu bereit sind.

☐ Der erste Wurf bildet die unterste Linie des Hexagramms

Folgende Möglichkeiten können sich ergeben:

1 x Zahl/Yang + 2 x Kopf/Yin = 7 Yang, eine durchgezogene Linie
1 x Kopf/Yin + 2 x Zahl/Yang = 8 Yin, eine durchbrochene Linie
3 x Zahl/Yang = 9 Yang, veränderliche, durchgezogene Linie
3 x Kopf/Yin = 6 Yin, veränderliche, durchbrochene Linie
Yang = männliches Prinzip, durchgezogene Linie
Yin = weibliches Prinzip, durchbrochene Linie

Die veränderliche Linie verkehrt sich in das Gegenteil, wenn das Anfangshexagramm erstellt wurde. Das Yin wird dann zum Yang und umgekehrt, so daß man auf seine Frage bei veränderlichen Linien zwei Antworten erhält.

a) das Anfangshexagramm als jetziger Zustand
b) das 2. Hexagramm als Entwicklungsmöglichkeit

Werfen Sie nun weitere fünfmal die Münzen, so daß sich von unten nach oben Ihr Antworthexagramm aufbaut. In der Tabelle finden Sie aus den unteren 3 Linien (Trigramm) und dem oberen Trigramm die Zahl Ihres Hexagramms.

Lesen Sie dann den Kommentar und die Eigenschaften dieses Symbols (Hexagramms).

Wenn Ihr Hexagramm veränderliche Linien enthält, wandeln Sie diese um, so daß ein neues Hexagramm entsteht. Unter diesem lesen Sie, welche Entwicklungsmöglichkeiten bestehen. Beispiel:

Sie werfen als 6. 2 x Zahl und 1 x Kopf   6.
Sie werfen als 5. 3 x Kopf   5.
Sie werfen als 4. 2 x Zahl und 1 x Kopf   4.
Sie werfen als 3. 2 x Kopf und 1 x Zahl   3.
Sie werfen als 2. 2 x Zahl und 1 x Kopf   2.
Sie werfen als 1. 2 x Zahl und 1 x Kopf   1.

oberes Trigramm

unteres Trigramm

Oberes Trigramm ☐ Kun ☐
Unteres Trigramm ☐ Ken ☐ ergibt Hexagramm 15 ☐ Ch'ein,
die Bescheidenheit

Nach der Wandlung ergibt sich

Oberes Trigramm ☐ K'an ☐
Unteres Trigramm ☐ K'en ☐ ergibt Hexagramm 39 ☐ Gièn

Sie können das jeweilige Hexagramm, das Sie gefunden haben und das für Sie ein Ziel oder eine Aufgabe symbolisiert, als gravierten Talisman tragen, als Symbol auf Ihren Spiegel schreiben oder als Zettel bei sich tragen, um sich immer wieder an Ihren Weg zu erinnern.

SCHEMA ZUM AUFFINDEN
DER GEZOGENEN I GING-ZEICHEN

U. Hälfte \ O. Hälfte	☰	☷	☳	☵	☶	☴	☷	☱
☰	1	11	34	5	26	9	14	43
☷	12	2	16	8	23	20	35	45
☳	25	24	51	3	27	42	21	17
☵	6	7	40	29	4	59	64	47
☶	33	15	62	39	52	53	56	31
☴	44	46	32	48	18	57	50	28
☲	13	36	55	63	22	37	30	49
☱	10	19	54	60	41	61	38	58

Es genügt, das Zeichen, das man aufsuchen will, in seine beiden Bestandteile zu trennen. Der Treffpunkt der beiden Spalten gibt die Nummer des Zeichens.

1 Kién/Das schöpferische Prinzip

Kién steht für Stärke, Kreativität, Lebensenergie und Entschlossenheit.

☐ Mit Ausdauer, Kreativität und Kraft werden Sie Ihr Ziel erreichen.

2 Kun/Das empfangende Prinzip

Kun hat das Potential und die Fruchtbarkeit der Mutter Erde. Es steht für Passivität, Empfangen, Hingabe und Geduld.

☐ Vertrauen Sie auf den natürlichen Lauf der Dinge. Unternehmen Sie nichts, sondern passen Sie sich den Gegebenheiten an.

3 Dschun/Die Anfangsschwierigkeit

Wolken und Donner verursachen Chaos am Himmel. Die Zeit zum Handeln ist nicht gut. Es gilt abzuwarten, bis man eine neue Ordnung aus dem Chaos schaffen kann.

☐ Es gilt, Geduld zu üben und sich auf bessere Zeiten vorzubereiten.

4 Mong/Der jugendliche Leichtsinn

Der jugendliche Geist ist noch unreif und unbefleckt. Um richtig zu handeln, muß man vorher lernen und studieren.

☐ Informieren Sie sich gut und handeln Sie mit Sorgfalt.

5 Hsu/Mit Geduld warten

Es gilt, den rechten Zeitpunkt abzuwarten und sich auf ihn schrittweise vorzubereiten.

☐ Bleiben Sie gelassen, genießen Sie den Augenblick und meditieren Sie über das Ziel.

6 SUNG/DER KONFLIKT ☰☰

Bei Auseinandersetzungen ist es angeraten, Rat bei Weisen und Älteren zu suchen. Möglichst jetzt keine Veränderungen vornehmen.

☐ Seien Sie achtsam und beobachten Sie die Entwicklung mit Sorgfalt. Holen Sie sich Rat.

7 SCHI/DAS HEER ☰☰

Ein Führer gewinnt Anhänger durch Stärke, Ausdauer, Großzügigkeit und Güte. Es ist wichtig, die Untergebenen gut und gründlich auszubilden, sowie Loyalität zu gewinnen.

☐ Erlangen Sie durch moralisches und vorbildliches Verhalten das Vertrauen und die Loyalität Ihrer Vorgesetzten und Untergebenen.

8 BI/EINHEIT ☰☰

Kooperation und Ehrlichkeit bringen Glück. Aufrichtigkeit und Großmut führen zu besserer Zusammenarbeit.

☐ Durch die richtige Strategie, sorgfältiges Durchdenken und Disziplin kommen Sie zum Erfolg.

9 HSIOA CH'U/DIE KRAFT DES KLEINEN ☰☰

Durch kleine Steigerungen kommt man zum Überfluß. Die eigenen Fähigkeiten und Tugenden sollten jetzt vervollkommnet werden. Jetzt kann man Hilfe von Stärkeren bekommen.

☐ Überwinden Sie Schwierigkeiten durch Geduld. Nutzen Sie jedoch die Chancen, bitten Sie um Unterstützung von Stärkeren.

10 LU/DAS WEISE VERHALTEN ☰☰

Gewissenhaftes Planen und bedachtes Handeln hilft besonders in gefährlichen Momenten. So kann man Kraft gewinnen und jede Situation besser übersehen.

☐ Überdenken Sie Ihre Situation und handeln Sie mit Vorsicht und Weisheit.

11 T'ai/Der Friede ䷊

Dieses Glückszeichen steht für Fülle, Erblühen, Harmonie, Ruhe und Wohlstand. Durch innere Klarheit und Harmonie nach außen fällt es leicht, mit den Menschen und Partnern auszukommen.

☐ Nutzen Sie Ihre Chancen durch klare Zielsetzung und harmonische Zusammenarbeit. Bleiben Sie stets bescheiden.

12 Pi/Die Stagnation ䷋

Das Zeichen verkündet Stillstand, schwierige Zeiten und Entbehrung. Aber durch entsprechenden Fleiß und Eifer kann sich die Situation verbessern. Wichtig ist es, bescheiden zu bleiben und sorgfältig zu planen.

☐ Durch Ausdauer, Beherrschung und Demut können Sie Gefahren umgehen. Nutzen Sie Ihre Qualitäten und Grundsätze.

13 Tsung Yen/ Die Gemeinschaft, die Freundschaft ䷌

Arbeit mit Menschen, Freundschaft, Zusammenarbeit und Liebe wird hier angezeigt. Streit und Auseinandersetzungen sollten vermieden werden. Man bekommt Hilfe von Kollegen, Freunden und Lehrern.

☐ Nutzen Sie Ihre Führungstalente und Ihre Klarsicht, um zu organisieren und Harmonie in Ihr Umfeld zu bringen.

14 Ta Yu/Der Wohlstand, die Fülle ䷍

Dies ist das Zeichen für Reichtum, Wohlstand, Erfolg und Souveränität. Durch richtiges Verhalten, ohne Hochmut und übermäßigen Luxus kann der Wohlstand gewahrt und in rechter Weise verwendet werden.

□ Sie können mit Menschen zusammenarbeiten, indem Sie Gemeinsamkeiten suchen, den Dialog aufrecht erhalten und Ihre Erfahrungen nutzen.

15 CH'EIN/DIE BESCHEIDENHEIT ☰☰

Trotz Erfolg und Reichtum bescheiden zu bleiben, hilft, mit den Menschen gut zurechtzukommen. Güte, das rechte Maß und die Anpassung an die Gegebenheiten führen zu großem Erfolg.

□ Geben Sie vom Überfluß ab und mehren Sie das, wovon Sie zuwenig haben. Lassen Sie sich trotz aller Bescheidenheit nicht ausnutzen.

16 YU/DIE BEGEISTERUNG ☰☰

Dies ist das Zeichen der Vorbereitung, guter Startbedingung, von Glück und Enthusiasmus. Chancen sollten ergriffen werden. Es gilt, mit Ruhe und Bedacht vorwärts zu schreiten und mit der Energie zu haushalten.

□ Führen Sie die Veränderungen herbei, die mit Ihren Wünschen übereinstimmen. Folgen Sie Ihrer Intuition und umgehen Sie Widerstände.

17 SUI/DIE NACHFOLGE ☰☰

Sui stellt eine schöne Abenddämmerung oder den Herbst mit seinen prachtvollen Farben dar. Das deutet auf Glück und Schönheit hin. Aber man sollte sich zurückhalten und seine Kräfte einteilen, denn auf die Dämmerung folgt die Nacht und auf den Herbst der Winter. Daher sollte man auf schwierigere Zeiten vorbereitet sein.

□ Helfen Sie anderen, seien Sie zurückhaltend und teilen Sie Ihre Kräfte ein. Ruhe und Besinnung ist angezeigt. Folgen Sie mit Freuden den Gesetzen der Natur.

18 Ku/Dem Verfall entgegenwirken

Ku fordert auf, Schäden wieder auszubessern und Probleme zu lösen. Dann kann trotz widriger Umstände eine Besserung eintreten. Durch Neuorganisation und das Ablegen schlechter Gewohnheiten bessern sich die Finanzen und die Umstände.

□ Stellen Sie eingefahrene schlechte Gewohnheiten ab, organisieren Sie neu, um Zerstörung und Chaos zu vermeiden und das Wachstum zu fördern. Sorgen Sie für neue Ordnung.

19 Lin/Annäherung an Grösse

Lin deutet auf Lebenskraft, Wachstum, Glück und die Hoffnung auf das Erreichen großer Ziele. Es gilt Klugheit und Erfahrung einzusetzen und seine Vorteile zu nutzen.

□ Gehen Sie freundlich und großzügig mit Ihren Mitmenschen und Untergebenen um, inspirieren und motivieren sie.

20 Kuan/Die Beobachtung

Kuan fordert zur Bestandsaufnahme, Aufmerksamkeit und Beobachtung auf. Es ist ein günstiges Zeichen für Studium, Meditation und Arbeit. Es ist vorteilhaft, die Situation zu analysieren, bevor eine Entscheidung getroffen wird.

□ Spüren Sie den richtigen Zeitpunkt. Seien Sie im Hier und Jetzt. Erkennen Sie sich selbst.

21 Shi Ho/Das Durchbeissen

Hier geht es darum, schwierige Situationen durch Gerechtigkeit, Reformen oder andere strenge Maßnahmen zu überwinden. Auch wenn dies unbequem ist, ist es notwendig, um dem Fortschritt und Wachstum Raum zu geben.

□ Erkämpfen Sie sich Erfolg. Sprechen Sie aus, was Sie stört und belastet. Beißen Sie sich durch.

151

22 Pi/Die Schönheit, die Anmut, der Schmuck ☰☰

Pi meint äußerliche Schönheit und Anmut. Durch Pi zieht man Menschen an, und Türen öffnen sich leichter. Aber danach kommt es darauf an, ob meine äußere Schönheit den entsprechenden inneren Qualitäten gerecht wird. Dann bringt es Glück und günstige Chancen.

☐ Achten Sie auf Ihr Aussehen und präsentieren Sie Ihre Ideen in einer guten Aufmachung. Vereinen Sie Schönheit und Qualität. Achten Sie auf Ihr inneres Gleichgewicht.

23 Po/ Die Loslösung, die Abspaltung ☰☰

Po rät, die Lage aus einer neuen Sicht zu betrachten und abzuwarten. Man sollte sich seinen Aufgaben widmen, sich in Geduld üben und warten, bis sich die Umstände verbessern.

☐ Begrüßen Sie notwendige Änderungen. Seien Sie tolerant und gelassen. Helfen Sie anderen großzügig.

24 Fu/Die Rückkehr ☰☰

Fu ist die Zeit der Verbesserung. Wie der Winter, der langsam in den Frühling übergeht, wachsen langsam die Kräfte der Erneuerung. Dies ist eine gute Gelegenheit, um Fehler und Irrtümer zu korrigieren, daraus zu lernen und einen Neuanfang zu machen.

☐ Bereiten Sie sich auf neue Erfolge vor. Lernen Sie aus Ihren Fehlern. Wagen Sie einen Neubeginn.

25 Wu Wang/
Die Unschuld, die Treue

Wu Wang rät, den Umständen entsprechend zu handeln und sich den Gegebenheiten anzupassen. Dabei sollte man mit reinen Gedanken, ohne auf den eigenen Vorteil zu spekulieren, handeln.

☐ Achten Sie auf die Ratschläge Ihrer Vorgesetzten. Informieren Sie sich gut und seien Sie achtsam.

26 Ta Ch'u/
Die Zähmung grosser Kräfte

Indem man die eigenen Erfahrungen und die anderer studiert, kann man sich auf große Ziele vorbereiten. Dieses Zeichen weist auf große Möglichkeiten hin.

☐ Sammeln Sie Ihre Energien und setzen Sie sie umsichtig ein. Überwinden Sie Schwierigkeiten und gehen Sie konzentriert auf Ihr Ziel zu.

27 I/Die Ernährung

I stellt sowohl die Bedeutung der körperlichen Ernährung als auch der geistigen Bildung dar. Es ist wichtig, gute gesunde Nahrung aufzunehmen und sie sorgsam zu kauen. Außerdem sollte man darauf achten, welche Worte unseren Mund verlassen.

☐ Lassen Sie Ihre Kreativität fließen und lenken Sie sie mit Ihrem Geist. Ernähren Sie sich richtig. Achten Sie auf die richtige Menge an Nahrung und Information, die Sie aufnehmen.

28 Ta Kuo/
Das Übermass des Grossen

Ta Kuo steht für Stärke im Überfluß. Übermaß behindert jedoch das Gleichgewicht. Daher ist es gut, andere an dem Überschuß zu beteiligen und ihn zu verteilen. Das bringt neuen Erfolg.

☐ Stellen Sie sich den Gefahren und Herausforderungen. Achten Sie jedoch darauf, nicht aggressiv und überheblich zu werden. Geben Sie anderen von Ihrem Überfluß.

29 K'AN/DAS TIEFE WASSER ☰☰☰

K'an bedeutet Gefahr und Unsicherheit. Hier gilt es, sich dem Geschehen anzupassen und nicht gegen die Probleme anzukämpfen.

☐ Vertrauen Sie auf Ihre innere Stimme, haben Sie Vertrauen. Seien Sie aufrichtig, geduldig und achtsam.

30 LI/DAS FEUER, DIE HELLIGKEIT ☰☰☰

Dies ist das Zeichen der Schamanen, Eingeweihten und Magier. Wenn das Feuer der Erleuchtung auf die richtige Weise gebraucht wird, ist alles erreichbar. Bei unkontrolliertem Gebrauch drohen Gefahr und Katastrophen.

☐ Arbeiten Sie mit anderen zusammen. Nutzen Sie Ihre Fähigkeiten weise. Seien Sie ausdauernd.

31 HSIEN/
DIE ANZIEHUNG, DIE ZUNEIGUNG ☰☰☰

Die natürliche Anziehungskraft der Liebe. Zwei Seelen finden zueinander. Gegensätze vereinen sich und bilden ein harmonisches Ganzes. Günstig für Geschäftserweiterungen und Heirat.

☐ Seien Sie offen für Menschen, die auf Sie zugehen. Genießen Sie das Zusammensein mit Ihren Partnern und Freunden. Stehen Sie zu Ihrer Liebe.

32 HENG/DIE DAUER

Heng stellt eine dauerhafte Verbindung dar. Ausdauer zahlt sich aus und stärkt die Verbindung. So wird das bereits Begonnene zum Erfolg geführt.

☐ Setzen Sie Beharrlichkeit und Ausdauer ein, um erfolgreich zu sein. Stehen Sie zu Ihren Zielen.

33 TUN/DER RÜCKZUG

Tun rät, sich bei ungünstigen Umständen zurückzuziehen, die Pläne zu überdenken und die Kräfte für die Zeit zu sparen, wenn die Umstände günstiger sind. Neue Unternehmen sollte man nicht gerade jetzt beginnen.

☐ Es ist besser, sich zu einigen. Gehen Sie Ärger aus dem Weg und ziehen Sie sich zurück. Halten Sie Abstand von schlechter Gesellschaft.

34 DA DSCHUANG/ DIE GROSSE MACHT

Wenn man durch günstige Umstände viel Macht vereint, sollte man dieses Geschenk würdig einsetzen. Nutzen Sie die Führungskraft, um die Verbindung zu Ihren Mitmenschen zu verbessern.
☐ Achten Sie auf die Regeln des Lebens. Setzen Sie Ihre Energien überlegt und mit Ausdauer ein.

35 CHIN/DER FORTSCHRITT

Gute Aussichten für die Zukunft. Fortschritt und Wachstum sind begünstigt. Verbesserungen sind jedoch manchmal mit einer Trennung von der vertrauten Umgebung verbunden.

☐ Setzen Sie Ihre Stärke wirkungsvoll ein. Nutzen Sie Ihre Chancen. Handeln Sie Ihrem guten Ruf entsprechend und gehen Sie weise vor.

36 MING I/
DIE VERDUNKLUNG DES LICHTS ䷣

Ming I deutet auf schwierige Umstände und empfiehlt, die Kräfte zu sammeln und geduldig bessere Zeiten abzuwarten. Es ist gut, sich zurückzuhalten und seine Talente für sich zu behalten.

☐ Nutzen Sie die Zeit des Abwartens, um Ihre Kenntnisse zu erweitern. Seien Sie flexibel und passen Sie sich den Umständen an.

37 GIA JEN/DIE FAMILIE ䷤

Hier gilt es, Verantwortung, Aufgaben und Pflichten zum Wohle der ganzen Familie zu erfüllen. Das führt zu Harmonie und Frieden. Die Frau ist vor allem für die Ordnung innerhalb der Familie verantwortlich, während der Mann die Familie gegenüber Außenstehenden vertritt.

☐ Übernehmen Sie Verantwortung und tragen Sie Ihren Teil zum Wohlergehen aller bei. Nutzen Sie die Erfahrung anderer Familienmitglieder, um zu mehr Einsicht, Toleranz und Mitgefühl zu gelangen.

38 KUI/DER GEGENSATZ ䷥

Kui ist das Hexagramm des Gegensatzes, des Widerstands und verschiedener Ansichten. Wir haben immer dann Schwierigkeiten mit anderen, wenn wir Mißtrauen, Kritik, festgefahrene Meinungen und Intoleranz in uns tragen. Wenn wir unsere Einstellung ändern, toleranter werden und mit Unstimmigkeiten flexibler umgehen, kommen wir besser mit den Mitmenschen aus und erreichen leichter unsere Ziele.

☐ Überprüfen Sie Ihre innere Einstellung. Versuchen Sie bei Differenzen zu einer gemeinsamen Lösung zu gelangen. Handeln Sie überlegt. Sehen Sie die guten Seiten im anderen.

39 Gién/
Das Hindernis, die Hemmung ☷☶

Bei Blockaden und Hindernissen ist es angebracht, Pause zu machen, sich selbst zu überprüfen und neue Kraft zu tanken. Man sollte jetzt nichts Neues unternehmen, bevor die Hindernisse überwunden sind.

☐ Suchen Sie den Rat erfahrener, weiser Personen. Nehmen Sie die Hilfe von Freunden und Partnern in Anspruch. Überwinden Sie Hemmungen und Blockaden, die Ihrer Entwicklung im Wege stehen.

40 Hsieh/Die Befreiung ☳☵

Hsieh verkündet die Befreiung von Hindernissen, bedrückenden Situationen und verheißt neues Glück. Wachstum und Erfolg sind angesagt. Fehler und Verfehlungen sollte man verzeihen. Günstig für einen neuen Arbeitsplatz.

☐ Erledigen Sie schwierige Aufgaben jetzt. Anfängliche Probleme können Sie überwinden und zu Glück und Freude finden. Ihr Erfolg ist abzusehen.

41 Sun/
Die Minderung, der Verlust ☶☱

Wenn man Zeit, Geld, Güter oder Energie aufwendet, um anderen zu helfen, führt das zwar zu einer Verringerung, aber auf längere Sicht wird es zu Anerkennung und Nutzen führen.

Wenn im Moment die Geschäfte stocken, sollte man seine Wünsche und Ausgaben mindern.

☐ Überlegen Sie sich Ihre Wünsche genau und beschränken Sie Ihre Kosten. Geben Sie anderen von Ihrem Überfluß. Eine gute Zeit, um zu fasten und abzunehmen.

42 I/Der Gewinn, die Mehrung ䷩

Indem man den Erfolg und das Gute nachahmt und Fehler beseitigt, gewinnt man. Gute Zeiten und Wohlstand kündigen sich an. Diese gute Zeit sollte nicht durch Geiz, Gier oder unehrenhaftes Verhalten behindert werden. Jetzt ist die Zeit der Ernte.

☐ Seien Sie großzügig und rechtschaffen. Nutzen Sie Ihre Chancen. Treffen Sie die nötigen Entscheidungen.

43 Guai/Die Entschlossenheit ䷪

Jetzt sollte man entschlossen handeln und die notwendigen Entscheidungen treffen. Jetzt ist die Zeit, sich von schlechten Einflüssen zu befreien und Korruption aufzudecken. Jedoch ist dabei Vorsicht angebracht.

☐ Handeln Sie kühl und überlegt und lassen Sie sich nicht von Ärger hinreißen. Hüten Sie sich vor Überheblichkeit und Selbstzufriedenheit. Setzen Sie Ihr Können ein und vermeiden Sie Gewalt.

44 Kou/
Die Zusammenkunft, der Kontakt ䷫

Kou warnt vor der Versuchung. Gerade bei unseren schwächsten Punkten werden wir in Versuchung geführt. Kou steht aber auch für das Zusammentreffen mit interessanten Menschen. Versammlungen und Besprechungen können gut verlaufen.

☐ Hüten Sie sich vor Versuchungen. Achten Sie auf den Verlauf der Dinge und stimmen Sie Ihre Ziele darauf ab.

45 Tsui/Die Versammlung ䷬

Versammlungen von Menschen, die ein gemeinsames Ziel haben, führen zum Erfolg. Man sollte sich auf unerwartete Situationen vorbereiten, indem man seine Kräfte sammelt.

☐ Verbinden Sie sich mit Gleichgesinnten, um ein gemeinsames Ziel zu erreichen. Bereiten Sie die Ausführung Ihrer Pläne gründlich vor.

46 SHENG/DER AUFSTIEG

Wie beim Aufstieg auf einen Berg, ist die Zeit günstig, um dem Gipfel näherzukommen, aber man muß sich weiterhin anstrengen. Ein gutes Zeichen für alle, die sich um Arbeit bemühen, vorwärts kommen möchten oder Karriere machen wollen.

☐ Setzen Sie Ihren Einsatz fort und vertrauen Sie auf Ihre Fähigkeiten. Streben Sie die Position an, für die Sie geeignet sind.

47 KUN/
DIE BEDRÄNGNIS, DIE ERSCHÖPFUNG

Erschöpfung führt zu Problemen. Man sollte daher zunächst neue Kräfte sammeln, seine Fehler bereuen und sich überlegt verhalten. Dann kann man aus seinen Fehlern lernen und sein Verhalten entsprechend ändern.

☐ Schonen Sie Ihre Kräfte und verbrauchen Sie nicht Ihre Reserven. Halten Sie sich zurück, bis Sie neue Kraft geschöpft haben. Lernen Sie durch Zuhören.

48 CHING/DER BRUNNEN

Ching rät, unsere inneren Tiefen auszuloten und uns von alten Schlacken, Fehlern und Belastungen zu befreien. Dadurch werden wir klarer und weiser.

☐ Fragen Sie Ihre innere Führung um Rat und lassen Sie sich von Ihrer Intuition leiten. Nutzen Sie neue Erkenntnisse und Einsichten, um anderen zu helfen.

49 KO/REVOLUTION ䷰

Ko bedeutet Veränderung, Umsturz, Reformen und Neuerungen. Korruption und festgefahrene Situationen können überwunden werden. Ein neuer Beruf, ein Ortswechsel oder andere Veränderungen sollten mit Ernsthaftigkeit und Überlegung unternommen werden, damit sie zum Erfolg führen.

☐ Nutzen Sie dieses Zeichen, um Veränderungen durchzuführen. Revolutionäre Neuerungen führen zum Erfolg, wenn sie mit der notwendigen Ausdauer durchgeführt werden.

50 TING/DER KESSEL ䷱

Ting bedeutet Umwandlung und die Grundlage für neue Entwicklungen. Eine gute Zeit, um die Kreativität fließen zu lassen, Ideen zu schmieden und schöpferisch tätig zu werden.

☐ Achten Sie auf Inspirationen und kreative Ideen. Seien Sie aufnahmebereit und vertrauen Sie auf die innere Führung. Schutz, Gesundheit und Erfolg begleiten dieses Zeichen.

51 CHEN/ DAS ERREGENDE, DER DONNER ䷲

Ein Schock, der wachrüttelt und befreiend wirkt. Man sieht die Dinge aus einem neuen Blickwinkel.

☐ Bleiben Sie in Ihrer Mitte und ziehen Sie Ihre Lehre aus den turbulenten Ereignissen, dem Schock oder der Überraschung. Besiegen Sie Ihre Ängste und bewahren Sie Ruhe.

52 KEN/DAS STILLHALTEN ䷳

Durch Meditation, Innehalten im täglichen Trott und Hören auf die innere Führung findet man neue Richtlinien und Pläne. Das Stillhalten führt zu mehr Harmonie, Zufriedenheit und Lebenskraft.

☐ Durch Ruhe und Entspannung finden Sie neue Lösungen. Halten Sie inne, meditieren Sie und kommen Sie so in Ihre Mitte.

53 CHIEN/ DIE ALLMÄHLICHE ENTWICKLUNG ☰☰

Hier zeigt sich eine stetige Verbesserung. Trotz eventueller Schwierigkeiten kommt man zum Erfolg. Indem man mit Ruhe und Überlegung vorwärts geht, erreicht man auf dem sichersten Weg den Erfolg.

☐ Verfolgen Sie Ihre Pläne mit Beständigkeit, Ruhe und Ausdauer. Nutzen Sie Ruhe und Harmonie, um Ihre Beziehungen zu vertiefen.

54 KUEI MEI/ DAS HEIRATENDE MÄDCHEN ☰☰

Kuei Mei rät, das Notwendige zu akzeptieren und einfühlsam auf die Situation einzugehen, um erfolgreich zu sein. In Beziehungen ist Verständnis, Sanftmut und Demut wichtig.

☐ Versuchen Sie in Ihren geschäftlichen und privaten Beziehungen das Beste aus den Gegebenheiten zu machen. Erweitern Sie Ihr Wissen und Ihre Energie, um die bestehenden Grenzen zu erweitern. Mit Gewalt und Aggression kommen Sie jetzt nicht weiter.

55 FONG/DIE FÜLLE ☰☰

Dies ist das Zeichen von Größe, Fülle und Reichtum. Aber so wie Mangel von Wachstum gefolgt wird, folgt auf Überfluß der Verlust. Daher ist es weise, die Zeit zu nutzen und sich auf schlechtere Zeiten vorzubereiten.

☐ Nutzen Sie die günstige Lage und genießen Sie den Erfolg. Bereiten Sie sich auf Veränderungen vor, die wieder Platz für Neues schaffen.

56 Lü/
Der Wanderer, der Reisende ☶

Lü ist das Zeichen des Reisenden. Manchmal muß man sich fortbewegen, um erfolgreich zu sein. Jedoch sollte man sich als Reisender den Gegebenheiten, Sitten und Gebräuchen anpassen, um Ärger zu vermeiden.

☐ Unternehmen Sie jetzt notwendige Reisen. Seien Sie jedoch zurückhaltend, bescheiden und freundlich, um erfolgreich vorwärts zu kommen und Hilfe zu erhalten.

57 Sun/
Das Sanfte, die Durchdringung ☴

Der Wind Sun verbreitet Pflanzensamen in alle Richtungen und durchdringt so die Landschaft mit neuem Leben. Bäume und Pflanzen beugen sich unter seiner Kraft. Auch wir kommen durch Stetigkeit und Konsequenz zum Ziel.

☐ Fühlen Sie sich in die Menschen und ihre Beweggründe ein. Fragen Sie Erfahrene und Weise um ihren Rat, um zu mehr Erfolg zu gelangen. Beharrliche Bemühung und Einfühlsamkeit helfen Ihnen weiter.

58 Tui/Die Freude, das Heitere ☱

Wahre Freude kommt von innen, wirkt ansteckend und zeigt sich nach außen durch Güte und Begeisterung. Es ist eine gute Zeit, um Erfahrungen mit anderen zu teilen und sie so zu ermutigen und anzuregen. Tui ist ein gutes Symbol für alle, die sich gerne mitteilen oder aufgrund ihres Berufes oft Reden halten.

☐ Teilen Sie Ihre Eindrücke mit anderen und ermutigen Sie sie. Durch innere Stärke, Freude und soziales Verhalten nach außen schaffen Sie sich Beliebtheit und loyale Freunde.

59 Huan/
Die Auflösung, die Wiedervereinigung

Huan bedeutet einerseits die Auflösung von Blockaden, Denkmustern und Problemen, sowie Trennung. Andererseits können diese Veränderungen zu neuen Erfolgen und Glück führen. Eine Zeit, um sich wieder zu vereinen, um stärker zu werden.

☐ Nachdem Sie die Energieblockaden, Konflikte und unguten Situationen aufgelöst haben, können Sie eine neue Basis schaffen für Glück, Gesundheit und Wohlstand.

60 Chieh/Die Beschränkung

Chieh rät zu Rationalisierung, Sparsamkeit, Kontrolle, Zurückhaltung und Disziplin. So wie man zerstörerische Wasserfluten eindämmt, um Zerstörung zu verhindern, kann man in seinem Leben Grenzen setzen, um sich und andere vor Schaden zu bewahren.

☐ Setzen Sie Ihren Ausgaben, Emotionen und Aktionen Grenzen, um schwierige Zeiten zu überstehen. Versuchen Sie, den diplomatischen Weg zwischen den Extremen zu finden.

61 Dschung Fu/
Die innere Wahrheit

Durch Mitgefühl, Verständnis, Zuverlässigkeit und Aufrichtigkeit können wir Gegner und ihre Standpunkte besser verstehen. Dadurch gewinnt man an Stärke und erkennt die Wahrheit.

☐ Durch Verständnis und Zusammenarbeit gelingt Ihnen sogar der Umgang mit schwierigen Menschen. Mit Unbefangenheit und Aufrichtigkeit Ihnen selbst gegenüber können Sie die Wahrheit besser erkennen.

62 HSIAO KUO/ DAS ÜBERGEWICHT DES KLEINEN ☰☰

Hsiao Kuo rät zu Sorgfalt, Beharrlichkeit, Unauffälligkeit und Zurückhaltung. Jetzt kommt es auf die Details an. Die kleinen täglichen Erfolge und Siege tragen zur Erfüllung des Ziels bei. Steter Tropfen höhlt den Stein.

☐ Achten Sie auf die Details und handeln Sie überlegt und mit Zurückhaltung. Vermeiden Sie Extreme, bleiben Sie mit den Füßen auf der Erde und erfüllen Sie Ihre täglichen Aufgaben.

63 CHI CHI/ NACH DER VOLLENDUNG ☰☰

Ein Abschnitt des Lebens oder ein Zyklus hat seinen Höhepunkt erreicht, und etwas Neues kann beginnen. Wie der Vollmond, der seinen höchsten Stand erreicht hat und wieder abnimmt, beginnt nach der Vollkommenheit der Niedergang. Durch Sicherung des Erreichten und notwendige Korrekturen kann der Mißerfolg vermieden werden.

☐ Bewahren Sie das Erreichte, seien Sie fleißig und achten Sie auch auf Kleinigkeiten. Achten Sie auf die Entwicklung neuer Möglichkeiten.

64 WEI CHI/VOR DER VOLLENDUNG ☰☰

Das Ziel nähert sich, aber freuen Sie sich nicht zu früh. Anstrengung und Achtsamkeit sind erforderlich, um Hindernisse zu überwinden.

☐ Nutzen Sie Feingefühl, Intuition und Vorsicht, um Fehler zu vermeiden und dem Ziel näherzukommen. Planen Sie sorgfältig und handeln Sie mit Verstand und Weisheit.

KÖRPERTEILE

Der **Körper** ist die Wohnung für unsere Seele. Je mehr wir uns an ihm erfreuen, ihn lieben und ihn gesund halten, desto *seeliger* werden wir. Denn die Seele drückt sich durch den Leib aus.

Durch den Körper spüren wir Hunger, Sättigung, Kälte, Hitze, Bewegung und Gefühle. Unser Körper und seine Teile sind natürliche Symbole, die uns am nächsten sind.

Die **Haut** hält den Körper zusammen und ist die Abgrenzung und Verbindung zur Umwelt.

Die **Knochen** stützen den ganzen Körper.

Muskeln und Sehnen ermöglichen uns die Bewegung und symbolisieren Kraft und Stärke.

Das **Skelett** als Gerüst des Körpers stabilisiert. Es steht für Askese, Zerfall, Tod, Neuanfang, Auferstehung und für die Welt der Geister.

Der **Kopf** galt oft als Sitz der Seele. Er ist die höchste Stelle unseres Körpers und verbindet uns mit dem Himmel, dem Geistigen und Spirituellen.

Ein **Totenschädel** symbolisiert Verwesung, Buße, Vergänglichkeit und Tod. Totenschädel wurden als Orakelinstrument benutzt. Ein Schädel über zwei überkreuzten Knochen ist das Zeichen für Gefahr und Gift.

Haare sind wie Energieantennen und stehen für Lebensenergie, Kreativität und Stärke. Sie können sowohl Männlichkeit und Kraft als auch Weiblichkeit, Erotik und Sinnlichkeit symbolisieren.

AUGEN

Die Augen sind der Spiegel der Seele. Mit einem Blick in die Augen eines Mitmenschen können wir oft sehr viel von seinen Gedanken und Gefühlen erfassen.

Die Augen nehmen Licht und Eindrücke von der Außenwelt auf. Sie galten daher als Symbol des Sonnengottes und der Sonne, die ihr Licht in die ganze Welt sendet und der nichts verborgen bleibt. Die Augen stehen auch für Achtsamkeit, Vorsicht und geistige Sicht.

Das Auge Gottes, oft in einem Dreieck aus Strahlen gezeichnet, steht für Allwissenheit, Erkenntnis und Allgegenwart Gottes.

Das rechte Auge symbolisiert manchmal Tatkraft, Zukunft und Sonne, während das linke für Passivität, Vergangenheit und den Mond steht.

Das Udjat-Auge des ägyptischen Falkengottes Horus auf einem Zepter symbolisiert Allwissenheit, Macht, Schutz und Fruchtbarkeit.

Der Volksmund kennt aber auch die negative Seite des Auges, den bösen Blick, der demjenigen, den er trifft, Unheil und Böses bringt.

Das symbolische Auge gemahnt uns
☐ zu Achtsamkeit,
☐ geistiger Sicht der Dinge und
☐ zum Streben nach Erkenntnis.

Verwendung im Schmuck: Oft wird die Darstellung eines Auges als Talisman verwendet. In der islamischen Kultur wird das Auge Allahs gerne als Anhänger getragen.

HAND

Die Hand ist das seit alten Zeiten meist benutzte Symbol des Körpers. Denn über die Hand läßt sich Macht, Aktivität, Stärke und Fleiß ausüben. Wir können handeln. Die Hände sind ein perfektes Werkzeug. Das hebräische Wort für die Hand *jad* bedeutet auch Macht. Oft galt die Hand daher auch als herrschaftliches, königliches Symbol.

Durch die Hand läßt sich Zuneigung, indem sie etwas ergreift, oder Ablehnung und Schutz, indem sie etwas wegschiebt, ausdrücken.

Über die Reflexzonen der Hand kann der ganze Körper beeinflußt und aktiviert werden. Die aus Indien stammenden Fingerstellungen, Mudras genannt, übermitteln viele Bedeutungen und Informationen und durch ihre Ausübung wird der ganze Körper energetisiert.

Die Hand übermittelt Informationen durch Schrift, Gesten und die Zeichensprache. Aus der Hand lassen sich über die Handlesekunst und durch die Graphologie Informationen entnehmen. Die Hand gilt als Siegel der Seele.

Mit der Hand kann auch Energie, Information und Segen an andere übermittelt werden. Beim Handauflegen durch *Reiki* oder durch *Touch for Health* wird durch die Hand Energie übertragen. Bei Weihen (aufgelegte Hand), dem Segen (offene Handfläche) und bei Gebeten (gefaltete Hände = sich dem Schutz Gottes übergeben) werden verschiedene Gesten angewandt, die das Ritual unterstützen. Wir klatschen beim Applaus in die Hände, um Dankbarkeit, Freude und Zustimmung zu übermitteln.

Die Schwurhand, bei der drei Finger (Daumen, Zeigefinger und Mittelfinger) erhoben werden, ruft Gott zum Zeugen an.

Mit einem Handschlag wird der Abschluß eines Geschäftes, ein Willkommensgruß oder das Akzeptieren eines Angebotes ausgedrückt.

Zum Himmel erhobene Arme und offene Hände zeigen Aufnahmebereitschaft, Offenheit und Hingabe. Eine offene Hand kann auch Waffenlosigkeit, Schenken, Bitten (Bettler) oder Ablehnung symbolisieren.

Die göttliche Segenshand wurde schon in alten Kulturen dargestellt. Im Islam wird die Hand der Fatima als Amulett verwendet, wobei die fünf Finger Glaubensverbreitung, Gebet, Pilgerschaft, Fasten und Wohltätigkeit symbolisieren.

Schlagworte, wie »Hand auf's Herz« (nach innen gehen, ehrlich sein), »für jemanden die Hand ins Feuer legen« (die Feuerprobe für jemand machen, dem man vertraut), »etwas in die Hand nehmen« (tätig werden, Verantwortung übernehmen), »in die Hände fallen« (ausgeliefert sein), »Hände hoch!« (Macht übernehmen, jemand handlungsunfähig machen), »sich die Finger verbrennen« (unerfahren, leichtsinnig), »lange Finger machen« (um etwas unbemerkt aus der Tasche zu stehlen) oder »etwas aus den Fingern saugen« (unerfahren, etwas erfinden), stellen bildlich dar, wie wichtig Hände und Finger sind.

Die zehn **Finger** sind die Basis unseres Zehnersystems in der Mathematik. Durch Fingerfertigkeit drückt sich Beweglichkeit und Geschick aus.

Der **Daumen** steht für Ego, Energie, Tatkraft und Vitalität.

Der **Zeigefinger** ist der magische Finger und drückt Autorität, Weisheit, Aufmerksamkeit und Selbstvertrauen aus.

Der **Mittelfinger** symbolisiert Verantwortung und Stärke.

Der **Ringfinger** gilt als Symbol für Bindung, Kunst, Schönheit und Vitalität.

Der **kleine Finger** steht für Aufnahmebereitschaft, Kommunikation und Beziehung.

Daumen (Kind), Zeigefinger (Mutter) und Mittelfinger (Vater) symbolisieren die Familienmitglieder, und gekreuzter Zeige- und Mittelfinger stehen für geschlechtliche Vereinigung, aber auch dafür, daß eine Zusage, eine Aussage oder ein Versprechen innerlich wieder aufgehoben werden.

Die Fingerhaltung der Yogis, Zeigefinger und Daumen zu einem Kreis vereint, drückt Schutz, Liebe und Segen aus und bedeutet auch in der westlichen Kultur, daß alles zum besten steht.

Lange Fingernägel konnten sich früher nur Aristokraten und wohlhabende Leute leisten, sie sollen daher Untätigkeit und Reichtum signalisieren. Wer an seinen Nägeln beißt, signalisiert Nervosität, Unsicherheit und Ratlosigkeit.

Die Hand steht für
- Schutz,
- Treue,
- Unschuld,
- Fleiß,
- Handlungsfähigkeit
- und Stärke.

Verwendung im Schmuck: Eine offene Hand als Schutz- und Glückssymbol wird gerne als Anhänger getragen. Verbunden mit roten oder orangefarbenen Steinen wird Aktivität und Handlungsbereitschaft symbolisiert. Ein Auge in der offenen Hand gilt als Symbol für die Handlesekunst. Die Hand mit den drei erhobenen

Schwurfingern (Daumen, Zeigefinger und Mittelfinger) stellt eine Segensgeste dar und vermittelt Kraft und Glück.

FUSS

Die Füße halten das Gleichgewicht und stehen auf dem Boden. Sie symbolisieren Erdverbundenheit. Fußabdrücke Buddhas (Indien) und von Heiligen oder berühmten Personen (zum Beispiel die in Zement gegossenen Abdrücke in Hollywood) übermitteln die Botschaft »Ich war an diesem Ort«. Man kann in die Fußstapfen anderer treten, um dem Vorbild zu folgen. Fährtenleser können Informationen aus Fußabdrücken entnehmen.

Ein geweihter oder heiliger Ort darf oft nur barfuß betreten werden, zum Zeichen des Respekts, der Unterwerfung und der Demut. Mönche und Pilger laufen daher manchmal barfuß, um Armut und Demut zu zeigen.

Man glaubte früher, daß (mit Steinen, Messern oder Nägeln) verletzte Fußabdrücke dem Menschen schaden können.

Wenn man jemanden die Füße küßt, zeigt man Demut und Hingabe.

Schlagworte, wie »etwas auf die Füße stellen« (etwas organisieren, in Gang bringen), »Hand und Fuß haben« (logisch, in Ordnung), »auf Freiers Füßen gehen«, zeigen uns die Bedeutung der Füße. Wer auf zu »auf großem Fuß lebt«, kann manchmal erkennen, daß das »tönerne Füße« waren, er »auf schwachen Füßen« gestanden hat, und vielleicht verliert er dann »den Boden unter den Füßen«.

Wenn wir auf eigenen *Beinen* stehen, brauchen wir Stehvermögen und Standfestigkeit. Zum Zeichen der Gesundung kommen wir wieder auf die Beine.

Die Knie beugen wir zum Zeichen der Unterwerfung, Bitte und Demut. Wir können aber auch vor Enttäuschung oder Ermattung »in die Knie gehen«.

Die Füße stehen
☐ für Erdverbundenheit,
☐ Standfestigkeit,

□ Vorwärtsgehen,
□ den Boden der Tatsachen,
□ Demut und
□ Offenheit.

Verwendung im Schmuck: Eine Fußsohle aus Gold symbolisiert Offenheit, Tatkraft und Vertrauen in unseren Weg.

CHINESISCHE TIERKREISZEICHEN

Die westlichen Tierkreiszeichen werden vom Stand der Sonne und den Planetenkonstellationen bestimmt. Dagegen entsprechen die asiatischen Tierkreiszeichen dem Mondjahr, das in 12 Monate mit jeweils 30 Tagen unterteilt wird. Das neue Jahr beginnt in China nicht am 1. Januar, sondern fällt auf den Tag der Tag- und Nacht-Gleiche zwischen dem 20. Januar und dem 20. Februar.

So werden die zwölf chinesischen Zeichen auf zwölf Jahre verteilt. Jedes Zeichen bekommt ein Jahr, das den Charakter und die Eigenschaften der in diesem Jahr geborenen Menschen bestimmt. Die Reihenfolge bleibt dieselbe und wiederholt sich alle zwölf Jahre.

Sie finden Ihr Sternzeichen unter der entsprechenden Jahreszahl. Zur genauen Bestimmung sehen Sie bitte in entsprechender Literatur die chinesischen Mondjahre und ihre Zeichen nach.

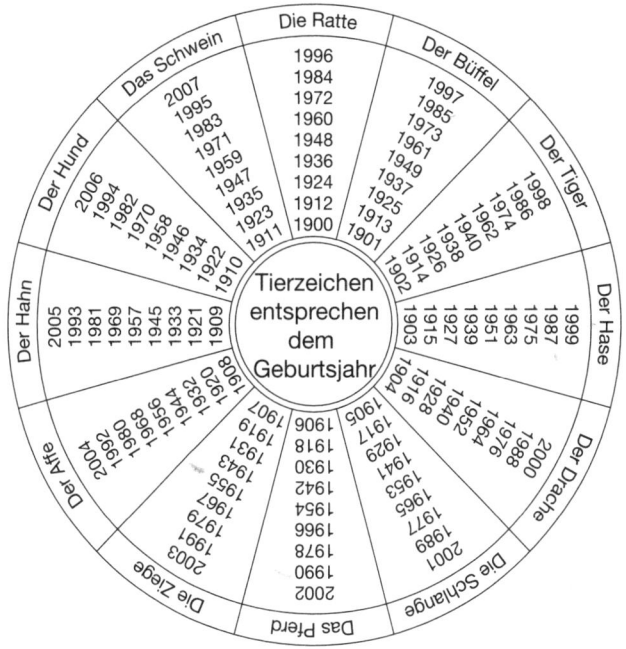

 **RATTE**

Die Ratte ist einfallsreich, kritisch, schöpferisch und charmant. Sie setzt ihre Talente ein, um ihren Besitz zu vergrößern und zu genießen. Wenn sie lernt, ihre Genußsucht zu kontrollieren, wird sie erfolgreich sein. Die Ratte kann sehr sinnlich und gefühlvoll sein und kann geliebte Personen großzügig verwöhnen.

Die Ratte symbolisiert
☐ Erfolg,
☐ Gefühle,
☐ Sinnlichkeit,
☐ Geschäftssinn und
☐ einen guten »Riecher«.

Verwendung im Schmuck: Das Schriftzeichen in Gold graviert, eventuell verbunden mit einem Citrin oder Bernstein.

 **BÜFFEL**

Der Büffel erfüllt langsam, geduldig, ausdauernd, genau und mit Methode seine Aufgaben. Er ist intelligent und erweckt Vertrauen. Durch seine beschauliche, zuverlässige Art ist er meist erfolgreich.

Aber wenn er in seiner Ruhe gestört und gereizt wird, senkt er die Hörner und geht zum vernichtenden Angriff über.

Der Büffel steht für
☐ Fleiß,
☐ Genauigkeit,
☐ Wohlstand,
☐ Tradition,
☐ Vertrauen und
☐ Standhaftigkeit.

Verwendung im Schmuck: Das Schriftzeichen in Metall graviert,verbunden mit einem schwarzen oder braunen Edelstein.

TIGER

Dieses kraftvolle, schöne Tier ist kampfbereit, rebellisch und temperamentvoll. Mit seiner Unternehmungslust, Autorität und Ausstrahlung ist er gewohnt sich durchzusetzen. Dadurch macht er sich leicht Feinde. Er liebt riskante Berufe, aber mit Vorgesetzten kommt er nicht besonders zurecht. Obwohl er manchmal egoistisch ist, kann er auch großzügig sein.

Der Tiger steht für
☐ Risikobereitschaft,
☐ Autorität,
☐ Glück,
☐ unerwartete Situationen und
☐ Mut.

Verwendung im Schmuck: Das Tigerzeichen in Gold graviert symbolisiert Glück, Kraft, Mut und Schutz.

HASE

Dieses Zeichen gilt in einigen Ländern auch als Katze. Der kluge, sensible Hase ist ein geselliger, treuer Begleiter. Er ist hilfsbereit, unterhaltsam und gastfreundlich. Als Partner ist er liebevoll und warmherzig, aber auch besitzergreifend. Er mag keine Probleme und hat lieber seine Ruhe.

Der Hase ist ein glückliches Zeichen und symbolisiert
☐ Fürsorglichkeit,
☐ Stabilität,
☐ Klugheit,
☐ Geselligkeit,

☐ Bescheidenheit und
☐ Treue.

Verwendung im Schmuck: Das Zeichen in Silber oder Gold graviert bedeutet Frieden, Glück, Ruhe, Lebensfreude und Hilfsbereitschaft. Rosenquarz, Lapislazuli und Sodalith passen gut zum Hasen.

DRACHE

Der feuerspeiende Drache ist voller Energie, Ungestüm und Lebenskraft und gibt eine imposante Erscheinung ab. Er ist willensstark, intelligent, tatkräftig und großzügig. Meist ist er erfolgreich und wird vom Glück begünstigt. Er stellt hohe Ansprüche und ist manchmal gereizt und dickköpfig.

Der Drache ist ein Glückssymbol, er bringt
☐ Harmonie,
☐ Wohlstand,
☐ Wachstum und
☐ ein langes Leben.

Verwendung im Schmuck: Eine Drachenfigur oder das eingravierte Schriftzeichen in Gold mit einem Feueropal, Rubin oder Zitrin kann als Talisman für Erfolg, Tatkraft und Glück in der Liebe verwendet werden.

SCHLANGE

Die Schlange ist sowohl für ihre List, wie auch für ihre Weisheit bekannt. Sie hat ihre dunklen Seiten als Verführerin von Adam und Eva, aber auch ihre segensreichen Seiten als Beschützerin vor Krankheit.

Einerseits ist sie durch ihr Gift und ihre Falschheit negativ belegt, andererseits wird ihr ein humorvolles, weises Wesen zugesprochen.

Die anmutige Erscheinung und ihr Charme helfen der Schlange, vieles leichter zu erreichen. Mit Intellekt und Intuition kommt sie schnell an ihr Ziel.

Die Schlange steht für
☐ Glück in Geldangelegenheiten,
☐ Willenskraft,
☐ Wendigkeit,
☐ Intuition, Charme und Humor.

Verwendung im Schmuck: Eine Schlangenfigur kombiniert mit einem Smaragd symbolisiert Heilkraft. Das Schriftzeichen in ein Schmuckstück graviert kann als Talisman für Intuition, Gesundheit und Reichtum verwendet werden.

PFERD

Das Pferd ist eine ansehnliche, elegante Erscheinung. Es ist sympathisch, edel, sprachgewandt, geschickt und sehr beliebt. Es ist sehr naturverbunden und freiheitsliebend und läßt sich daher ungern in die eigenen Angelegenheiten reinreden. Es läßt sich gern pflegen und verwöhnen, sorgt aber auch durch harte Arbeit für seine Familie.

Das Pferd steht für
☐ Schlagfertigkeit,
☐ gute Sitten,
☐ Sportlichkeit und
☐ Freiheit.

Verwendung im Schmuck: Eine Pferdedarstellung oder das eingravierte Schriftzeichen verbunden mit einem Chalzedon kann als Talisman die Redegewandtheit stärken. Mit einem Bergkristall oder Rutilquarz kann es die harmonische Verbindung zu den Mitmenschen fördern.

ZIEGE

Die Ziege ist elegant, charmant, hilfsbereit, launenhaft, und sie meckert. Sie überspringt die Hindernisse des Lebens und schlägt dabei manchmal seltsame Kapriolen. Die Spanier sagen »esta loco como una cabra« (der/die ist verrückt wie eine Ziege). Die Ziege hat einen Hang zum Mystischen und Okkulten.

Die Ziege steht für
☐ Mystik,
☐ Eleganz,
☐ Hilfsbereitschaft und
☐ Talente.

Verwendung im Schmuck: Das Schriftzeichen in Metall graviert verbunden mit Amethyst oder Lapislazuli als Talisman für spirituelle Erkenntnisse.

AFFE

Der witzige, gesellige, liebenswürdige Affe ist das launischste Zeichen. Er hält sich oft für überlegen und andere zum Narren. Er ist neugierig, hat ein gutes Gedächtnis und kann überall mitreden. Mit seiner Originalität löst er oft die schwierigsten Probleme, wenn er genug Geduld dafür aufbringt.

Der Affe steht für
☐ Diplomatie,
☐ Wissensdurst,
☐ Humor,
☐ Unabhängigkeit und Charme.

Verwendung im Schmuck: Eine Affenfigur oder das gravierte Schriftzeichen als Talisman zum Lernen, zur Problemlösung und für diplomatisches Geschick.

Hahn

Tollkühn und verwegen, mit geschwellter Brust erzählt er von seinen Abenteuern. Er redet, wie ihm der Schnabel gewachsen ist, und hat am liebsten recht. Voll phantasievoller Pläne sinniert, meditiert und grübelt er gerne. Er ist mutig und arbeitsam.

Der Hahn symbolisiert
- Mut und Verwegenheit,
- Offenheit,
- Fleiß und
- Unterhaltsamkeit.

Verwendung im Schmuck: Verbunden mit roten Steinen fördert das gravierte Symbol Mut und Antriebskraft. Mit Aquamarin stärkt es die Ausdruckskraft und hilft die Gefühle besser zu formulieren und mitzuteilen.

Hund

Der Hund ist eigenwillig, kritisch, verschlossen, aber sehr achtsam, treu, ehrlich und loyal. Da er eher introvertiert und diskret ist, bleibt er lieber für sich. Er ist jedoch sehr hilfsbereit, großzügig und ein Gerechtigkeitsfanatiker.

Der Hund steht für
- Gerechtigkeit,
- Loyalität,
- Selbstlosigkeit,
- Wachsamkeit und Aufrichtigkeit.

Verwendung im Schmuck: Ein Hundekopf, eine Hundefigur oder das gravierte Zeichen dienen als Talisman für Wachsamkeit, Treue, Pflichterfüllung.

 **SCHWEIN**

Mit den Eigenschaften gutmütig, hilfsbereit, fröhlich, gewissenhaft und tolerant ist das Schwein ein guter Gesellschafter. Es liebt den Genuß und das gute Leben. Aber es ist sehr willensstark und pflegt, seine Pläne durchzusetzen. Obwohl das Schwein lebhaft ist, vermeidet es Streit und gibt lieber nach.

Das Schwein symbolisiert
☐ Geselligkeit,
☐ Genuß,
☐ Toleranz,
☐ Frohsinn und
☐ Gutmütigkeit.

Verwendung im Schmuck: Eine figürliche Darstellung oder ein Schriftzeichen des Schweins unterstützt Fröhlichkeit, Geselligkeit, Willenskraft und Lebhaftigkeit.

Tierkreiszeichen

Die Astrologie ist eine uralte Sternenlehre, die symbolische Bedeutung für den Menschen und die Ereignisse auf der Erde hat. Die Sonne bewegt sich in einem Jahr kreisförmig durch die zwölf Sternbilder des Zodiaks (Tierkreis). Diese zwölf Zeichen des Tierkreises entsprechen in der Astrologie verschiedenen Lebensformen. Das Zeichen, in dem die Sonne bei der Geburt eines Menschen steht, ist sein Tierkreis- oder Sternzeichen.

Die Tierkreiszeichen symbolisieren die Verhaltensmuster, die einen Teil des Menschen ausmachen.

Vor Verwendung dieser Symbole im Schmuck sollte geprüft werden, ob es wünschenswert ist, diese Muster zu verstärken.

Der Tierkreis fängt beim Widder an und endet mit den Fischen. Die Sonne durchläuft ein Zeichen in etwa einem Monat.

Die Daten der Sonnenzeichen sind:

Widder	21. März bis 20. April
Stier	21. April bis 20. Mai
Zwillinge	21. Mai bis 21. Juni
Krebs	22. Juni bis 22. Juli
Löwe	23. Juli bis 22. August
Jungfrau	23. August bis 22. September
Waage	23. September bis 22. Oktober
Skorpion	23. Oktober bis 21. November
Schütze	22. November bis 20. Dezember
Steinbock	21. Dezember bis 20. Januar
Wassermann	21. Januar bis 19. Februar
Fische	20. Februar bis 20. März

Widder

Datum: 21. März–20. April
Symbol: ♈
Bedeutung des Symbols: Die zwei nach oben strebenden Halb-

kreise stellen die Hörner eines Widders dar. Man könnte es auch als sprießende Pflanze oder wachsendes Leben deuten.

Zuordnungen
Planet: Mars   Symbol: ♂
Bedeutung des Symbols: Der Pfeil, der aus dem Kreis der Einheit kommt, symbolisiert die Aktivität, Aggression und Energie, die etwas bewirken und durchsetzen will. Diese Kraft (der Pfeil) nutzt die Kraft des Geistes und der Einheit (Kreis), um ihre Pläne zu realisieren, sei es schöpferisch oder gewalttätig.

Element: Feuer
Elemental: Salamander
Himmelsrichtung: Süden
Zeichen: kardinal
Geschlecht: männlich
Metall: Eisen
Wochentag: Dienstag
Edelsteine: Diamant, Granat, Feueropal, Hämatit, Heliotrop, Rhodonit, Rubin
Tiere: Raubtiere, wie Tiger, Panther, Wolf, Falke und Hai, sowie Hammel
Farben: rote, leuchtende und feurige Farben
Motto: Ich mache.
Stärken: offen, tatkräftig, selbstsicher, tapfer, willensstark, schöpferisch
Schwächen: aggressiv, rücksichtslos, unvorsichtig, zornig, ungeduldig, starrsinnig
Aufgabe/Ziel: voller Energie und Tatkraft die eigenen Vorstellungen realisieren, möglichst mit Intuition und Rücksicht; zu Selbstvertrauen finden
Berühmte Personen: Bismarck, Marlon Brando, Casanova, Bette Davis, Houdini, Herbert von Karajan

Widder ist das erste Zeichen im Tierkreis, der im Frühling beginnt. Er steht für Keimen, Geburt, Anfang. Er zeigt eine wilde, ungestüme Energie und starken Willen, um sich klar und offen darzustellen, übernimmt die Führung, um das zu tun, was er sich vorstellt.

Er ist voller Mut, Begeisterung und kämpferischer Tatkraft, was sich auch manchmal bis zur Wut und Aggression steigert, die aber schnell wieder verraucht.

Als Feuerzeichen kann er Energie besser abgeben als aufnehmen. Er kann gut reden und sagt seine Meinung frei heraus.

Mars ist der Herrscher dieses Zeichens und genau wie der Widder feurig und mit starkem Willen.

Verwendung im Schmuck: Dieses Symbol paßt gut zu den Edelsteinen Diamant, Granat, Feueropal, Hämatit, Heliotrop, Rhodonit, Rubin. Es verhilft zu Begeisterung und Tatendrang und wirkt belebend.

STIER ♉

Datum: 21. April – 20. Mai
Symbol: ♉
Bedeutung des Symbols: Der Kreis mit dem Halbkreis darüber symbolisiert einen Stierkopf. Zu Einheit, Geist und Sonne (Kreis) gesellt sich das intuitive, gefühlvolle Prinzip (Halbkreis, Mond).

Zuordnungen
Planet: Venus   Symbol: ♀
Bedeutung des Symbols: Einheit und Geist (Kreis) stehen über dem weltlichen Prinzip (Kreuz). Geist und Materie sollen vereinigt werden und harmonieren.

Element: Erde
Elemental: Trolle, Gnome
Himmelsrichtung: Norden
Zeichen: fix
Geschlecht: weiblich
Metall: Kupfer
Wochentag: Freitag
Edelsteine: Achat, Aventurin, Chrysokoll, Koralle, Malachit, Rosenquarz, Saphir, Smaragd, Topas, Türkis, Turmalin
Tiere: pflanzenfressende Tiere; Büffel, Hirsch, Rind, Hase
Farben: braune (erdige) und grüne (Pflanzen) Farben
Motto: Ich besitze.

Stärken: konsequent, zuverlässig, geduldig, entschlossen, praktisch, gesellig, friedlich

Schwächen: stur, schwerfällig, abhängig, egoistisch, gierig, geizig

Aufgabe/Ziel: mit Flexibilität und Vertrauen zu Erfolg, sowie zu innerem und äußerem Reichtum gelangen

Berühmte Personen: Karl Marx, Königin Elisabeth II, Hitler, Evita Peron, Salvador Dali, Leonardo da Vinci

Der Stier ist das zweite Zeichen im Tierkreis. Er repräsentiert sowohl körperliches als auch geistiges Wachstum. Er wird von der Venus regiert und ist sehr genußfreudig, sicherheitsbestrebt und erdverbunden. Der Stier hat einen milden, beruhigenden Einfluß, verbunden mit Beständigkeit und Ausdauer.

Stier steht für Leben, Sommer, Nahrungsaufnahme, Fruchtbarkeit, Sinnlichkeit und Sexualität.

Als Erdzeichen bringt er Sicherheit und Dauerhaftigkeit.

Verwendung im Schmuck: Das Stiersymbol läßt sich gut mit den Edelsteinen Achat, Aventurin, Chrysokoll, Koralle, Malachit, Rosenquarz, Saphir, Smaragd, Türkis und Turmalin verbinden.

Es schafft Beständigkeit und Ausdauer sowie liebevolle und gütige Empfindungen.

ZWILLING ♊

Datum: 21. Mai–21. Juni

Symbol: ♊

Bedeutung des Symbols: Es zeigt eine Zwei und steht für Dualität (Zweiheit). Man kann auch die beiden Wesen des Zwillings darin sehen, die männliche und weibliche Seite, Tag und Nacht, die Trennung der Einheit.

Zuordnungen

Planet: Merkur   Symbol: ☿

Bedeutung des Symbols: Dieses Zeichen verbindet die Einheit, den Geist (Kreis) mit Intuition, Seele (der darüberliegende Halbkreis) und Materie, Körper (das darunterliegende Kreuz). So verbindet dieses Symbol die verschiedenen Ebenen und vermittelt zwischen ihnen.

Element: Luft

Elemental: Sylphen und Zephyre
Himmelsrichtung: Osten
Zeichen: beweglich
Geschlecht: männlich
Metall: Quecksilber
Wochentag: Mittwoch
Edelsteine: Achat, Bernstein, Chrysopras, Goldtopas, Granat, Karneol, Moosachat, Peridot, Tigerauge, Türkis, Turmalin, Zitrin
Tiere: Singvögel, Insekten, Affe, Huhn, Gans
Farben: gelbe und blaue Farben
Motto: Ich teile mit.
Stärken: beweglich, intelligent, offen, geschickt, kontaktfreudig, neutral
Schwächen: unruhig, zweiflerisch, listig, kritisch, zerissen
Aufgabe/Ziel: als Vermittler zwischen unterschiedlichen Parteien, durch Kommunikation und Lernen das Selbst erweitern
Berühmte Personen: Albrecht Dürer, Marschall Tito, Marylin Monroe, John F. Kennedy, Henry Kissinger, Donald Trump

Der Zwilling ist ein Zeichen mit beschleunigender Wirkung.

Es wird versucht, alles schnell zu erfassen, Hindernisse, wenn nötig, zu umgehen und durch Hinterfragen Informationen zu sammeln.

Zwillinge passen sich gut an, sind gesellig und aufgeschlossen, ohne sich durch tiefere Gefühlsbindungen einengen zu lassen.

Stoßen sie auf Widerstand, sind sie meist nicht standhaft und konsequent.

Sie sind vielseitig und spontan und lieben Spiele und Denksport.

Verwendung im Schmuck: Das Symbol Zwillinge paßt gut zu Achat, Bernstein, Chrysopras, Goldtopas, Karneol, Moosachat, Peridot, Tigerauge, Türkis, Zitrin. Es fördert den Informationsfluß und die Kontaktbereitschaft.

KREBS ♋

Datum: 22. Juni – 22. Juli
Symbol: ♋
Bedeutung des Symbols: Das Zeichen stellt die auf- und absteigende Sonnenbahn oder die Scheren des Krebses dar.

Zuordnungen

Planet: Mond   Symbol: ☽
Bedeutung des Symbols: Das Zeichen stellt den zunehmenden Mond dar, der für die Seele, die Intuition und die Gefühle steht.

Element: Wasser
Elemental: Nymphen und Undinen
Himmelsrichtung: Westen
Zeichen: kardinal
Geschlecht: weiblich
Metall: Silber
Wochentag: Montag
Edelsteine: Aventurin, Bernstein, Chalzedon, Karneol, Jade, Mondstein, Opal, Perle, Rhodochrosit, Rosenquarz, Smaragd
Farben: pastellfarben, violett, silber
Tiere: Ente, Frosch, Robbe, Seestern, Schnecke
Motto: Ich fühle.
Stärken: treu, häuslich, feinfühlig, phantasiebegabt, geduldig, mütterlich, mitfühlend, anpassungsfähig, gutmütig
Schwächen: passiv, launisch, unpraktisch, introvertiert, überempfindlich, unselbständig, wehleidig
Aufgabe/Ziel: lernen, auf die eigene seelische Stärke zu vertrauen und mit Gefühlen umzugehen
Berühmte Personen: Louis Armstrong, Ernest Hemingway, Gina Lollobrigida, Soraya, Sylvester Stallone

Mit dem Sommer beginnt das Zeichen Krebs. Es ist ein gefühlsbetontes Zeichen.

Persönliche Bindungen zu Familie, Partner, Heimat und Erlebnissen sind wichtig für die Entwicklung und geben emotionale Geborgenheit.

Krebs bringt den Kontakt zum Ursprung des Seins. Er fördert Gemeinschaftssinn und soziales Verhalten. Er fühlt mit.
Bei Unsicherheit in Beziehungen wird der Krebs ängstlich und besitzergreifend.

Verwendung im Schmuck: Das Symbol Krebs drückt sich besonders gut durch Silber aus. Als Edelsteine eignen sich Aventurin, Chalzedon, Karneol, Jade, Mondstein, Opal, Perle, Rhodochrosit, Rosenquarz, Smaragd.
Krebs stärkt das emotionale Bewußtsein und das Mitgefühl.

LÖWE ♌

Datum: 23. Juli – 22. August
Symbol: ♌
Bedeutung des Symbols: Man kann in diesem Zeichen eine Schlange sehen, die in frühen Zeiten (z. B. in Ägypten) als Symbol für die Sonne, Lebenskraft und Macht galt. Aber auch einen symbolisierten Löwen, den König der Tiere, kann man in der Darstellung erkennen. Seine Farbe, Kraft und Macht steht auch für die Sonne.

Zuordnungen
Planet: Sonne   Symbol: ☉
Bedeutung des Symbols: Der Kreis (Einheit, Geist) mit dem Punkt (Zentrierung) in der Mitte zeigt die Sonne als Zentrum des Lebens und des Lichts. Die Sonne steht für Selbständigkeit, Individualität und Energie.

Element: Feuer
Elemental: Salamander
Himmelsrichtung: Süden
Zeichen: fix
Geschlecht: männlich
Metall: Gold
Wochentag: Sonntag
Edelsteine: Bergkristall, Bernstein, Chrysoberyll-Katzenauge, Diamant, Granat, Goldtopas, Karneol, Rubin, Rutilquarz, Sonnenstein, Tigerauge, Zitrin

Tiere: Raubtiere, Löwe, Panther, Katze, Adler
Farben: orange, gold, leuchtendes Gelb
Motto: Ich will.
Stärken: großzügig, selbstbewußt, charismatisch, kreativ, vital, optimistisch, würdevoll
Schwächen: autoritär, überheblich, verschwenderisch, prahlerisch, triebhaft, egoistisch
Aufgabe/Ziel: mit Kreativität, Großmut und Würde zur eigenen Stärke und Selbstverwirklichung finden
Berühmte Personen: Haile Selassie, Mata Hari, Napoleon I. Bonaparte, Adele Sandrock, Fidel Castro, Robert de Niro, Madonna

Der Löwe gilt als König der Tiere. So ist auch dieses Symbol würdevoll, ichbewußt, voller Selbstvertrauen und Kraft.

Das Zeichen Löwe wird von der Sonne beherrscht und zeigt auch Licht und Leben. Der Löwe fühlt sich als Herr seines Geschickes. Er ist in der Ausführung seiner Pläne konsequent, manchmal bis zur Sturheit und Arroganz. Er ist praktisch, geistig aufgeschlossen und würdevoll.

Sein Hauptwort ist »Ich«.

Verwendung im Schmuck: Dieses Symbol sollte in Gold gearbeitet werden, evtl. in Kombination mit Bergkristall, Bernstein, Diamant, Granat, Goldtopas, Karneol, Rubin, Rutilquarz, Sonnenstein, Tigerauge oder Zitrin. Es stärkt Selbstvertrauen, Kreativität und Tatkraft.

JUNGFRAU ♍

Datum: 23. August–22. September
Symbol: ♍
Bedeutung des Symbols: Das M der Jungfrau entstand aus der Sterberune Yr und steht für das Ende des Sommers und der Erntezeit, sowie für den Herbst, in dem sich das Leben zurückzieht zum Winterschlaf. Das M ist mit dem Kreis (Einheit) verbunden, der die Ewigkeit des Lebens repräsentiert.

Zuordnungen
Planet: Merkur   Symbol: ☿
Bedeutung des Symbols: Dieses Zeichen verbindet die Einheit,

den Geist (Kreis) mit Intuition, Seele (der darüberliegende Halbkreis) und Materie, Körper (das darunterliegende Kreuz). So verbindet dieses Symbol die verschiedenen Ebenen und vermittelt zwischen ihnen.

Element: Erde
Elemental: Gnome, Trolle, Sylphen
Himmelsrichtung: Nordosten
Zeichen: beweglich
Geschlecht: weiblich
Metall: Messing
Wochentag: Mittwoch
Edelsteine: Achat, Amethyst, Azurit, Bernstein, Fluorit, Karneol, Jaspis, Rauchquarz, Saphir, Sodalith, Tigerauge, Topas
Tiere: Ameise, Schlittenhund, Gans, Maultier, Schäferhund
Farben: beige, graue, blaßgelbe Farben
Motto: Ich analysiere.
Stärken: fleißig, pflichtbewußt, vernünftig, ordnungsliebend, hilfsbereit
Schwächen: berechnend, gefühlskalt, pessimistisch, launisch, kritisch, pedantisch
Aufgabe/Ziel: durch Beobachtung, pflichtbewußtes Handeln, Überprüfung und Arbeit die Lage klären
Berühmte Personen: Johann Wolfgang von Goethe, Agatha Christie, Franz Beckenbauer, König Ludwig II. von Bayern, Ingrid Bergmann, Greta Garbo, Yassir Arafat

Die Jungfrau bringt Ordnung ins Chaos. Durch Scharfblick, Fleiß, effektive Arbeit und analytisches Denken versucht sie, die Dinge bis ins Detail zu regeln. Dabei nimmt sie Änderungen und Selbstkritik in Kauf und versucht, möglichst qualitätsvolle Erfolge zu erzielen.

Dieses Symbol steht auch für Anpassungsfähigkeit und Ästhetik.

Verwendung im Schmuck: Besonders gut paßt dieses Symbol zu Achat, Amethyst, Azurit, Bernstein, Fluorit, Karneol, Jaspis, Rauchquarz, Saphir, Sodalith, Tigerauge, Topas.

Das Zeichen der Jungfrau fördert Vielseitigkeit, Ordnungsliebe, Scharfblick und Fleiß.

WAAGE ♎

Datum: 23. September–22. Oktober
Symbol: ♎
Bedeutung des Symbols: Das Zeichen stellt eine Waage dar, als Symbol für Ausgewogenheit, rechtes Maß, Gleichgewicht der Kräfte und gerechtes Urteil.

Zuordnungen
Planet: Venus   Symbol: ♀
Bedeutung des Symbols: Einheit und Geist (Kreis) stehen über dem weltlichen Prinzip (Kreuz). Geist und Materie sollen vereinigt werden und Harmonie finden.

Element: Luft
Elemental: Sylphen und Zephyre
Himmelsrichtung: Nordosten
Zeichen: kardinal
Geschlecht: männlich
Metall: Kupfer
Wochentag: Freitag
Edelsteine: Aquamarin, Koralle, Jade, Jaspis, Lapislazuli, Rhodonit, Saphir, Topas, Türkis
Tiere: Pfau, Flamingo, Dalmatiner, Hirsch, Reh
Farben: helles Blau, rosa, grün und grau
Motto: Ich gleiche aus.
Stärken: idealistisch, kameradschaftlich, harmonisch, charmant, diplomatisch, friedfertig, aufgeschlossen
Schwächen: bequem, eitel, beeinflußbar, oberflächlich, phantasielos, unentschlossen
Aufgabe/Ziel: durch Zusammenarbeit und den Austausch mit den Mitmenschen zu Erkenntnis und Harmonie gelangen
Berühmte Personen: Eleonore Duse, Guiseppe Verdi, Mahatma Gandhi, John Lennon, Brigitte Bardot, Luciano Pavarotti

Die Waage wird von der Venus regiert. Dies äußert sich in Schönheits- und Harmonieempfinden. Für die Waage ist die Gemeinschaft und der Umgang mit Menschen wichtig. Sie vermag, Gegensätze auszugleichen, indem sie entweder geschickt die Initiative ergreift oder auch, falls notwendig, nachgibt.

Durch ihren humorvollen Charme erreicht sie Anerkennung und Beliebtheit. Sie scheut sich vor zu starken Gefühlen.

Verwendung im Schmuck: Zu diesem Symbol passen die Edelsteine Aquamarin, Koralle, Jade, Jaspis, Lapislazuli, Rhodonit, Saphir, Topas, Türkis. Das Waagezeichen schenkt Charme, wirkt ausgleichend und erleichtert den Umgang mit anderen Menschen.

SKORPION ♏

Datum: 23. Oktober–21. November
Symbol: ♏
Bedeutung des Symbols: Das M dieses Zeichens entstand aus der Sterberune Yr und steht für das Ende des Sommers und der Erntezeit sowie für den Herbst, in dem sich das Leben zurückzieht zum Winterschlaf. Das M ist mit dem todbringenden Stachel des Skorpions verbunden.

Zuordnungen
Planet: Pluto   Symbol: ♇
Bedeutung des Symbols: Der Kreis (Einheit, Geist) liegt im Halbkreis (Seele, Unbewußtes). Pluto zeigt, wo uns festgefahrene Vorstellungen oder Maßstäbe von Gruppen bestimmen.

Element: Erde
Elemental: Gnome, Undinen, Trolle
Himmelsrichtung: Nordwesten
Zeichen: fix
Geschlecht: weiblich
Metall: Eisen
Wochentag: Dienstag
Edelsteine: Amethyst, Granat, Hämatit, Jaspis, Magnetit, Malachit, Onyx, Obsidian, Rauchquarz, Rubin, Sardonyx, schwarzer Turmalin
Tiere: Krokodil, Drache, Schlange, Skorpion, Hyäne, Ratte
Farben: dunkles Rot, giftgrün; Farbkontraste
Motto: Ich begehre.

Stärken: verschwiegen, findig, idealistisch, zielstrebig, perfektionistisch

Schwächen: triebhaft, fanatisch, leidenschaftlich, gewalttätig

Aufgabe/Ziel: Schwächen und überholte Muster transformieren und neue Aufgaben und Prinzipien durchsetzen

Berühmte Personen: Goebbels, Loriot, Pablo Picasso, Indira Gandhi, Richard Burton, Alain Delon, Charles de Gaulle, Robert Kennedy

Pluto ist der Planet, der dem Skorpion zugeordnet wird. Beide symbolisieren Tod und Wiedergeburt als Umwandlung in andere Seinszustände mit gleichzeitiger Erneuerung.

Skorpion ist ein kraftvolles Zeichen, das seine Erfahrungen in intensiven Gefühlen, in der Sexualität (im Orgasmus, dem »kleinen Tod des Ich«) und eventuell in Auseinandersetzungen und Kämpfen sucht. Der Skorpion geht durch Höhen und Tiefen; Gut und Böse sind für ihn sehr relativ.

Mit Mut, Ehrgeiz, Kraft und Entschlossenheit verfolgt er seine Pläne bis zum Erfolg oder bis zum »Tod« der Idee und Transformation in neue Bereiche.

Verwendung im Schmuck: Unterstützend für dieses Symbol sind Amethyst, Granat, Hämatit, Jaspis, Magnetit, Malachit, Onyx, Obsidian, Rauchquarz, Rubin, Sardonyx, schwarzer Turmalin.

Das Skorpionzeichen stärkt die Entschlußkraft, den Ehrgeiz und die Ausdauer.

SCHÜTZE ♐

Datum: 22. November–22. Dezember

Symbol: ♐

Bedeutung des Symbols: Das Symbol stellt den nach oben strebenden Pfeil des Schützen, der früher als triebhafter geflügelter Zentaur gezeichnet wurde, dar. Der Pfeil steht für die Bestrebung, sich aus den Problemen und der Schwere der Welt zu lösen und in höhere Gefilde zu fliegen.

Zuordnungen

Planet: Jupiter   Symbol: ♃

Bedeutung des Symbols: Der Halbkreis (Mond, Seele) ist mit dem

Kreuz (Materie) verbunden. Das bedeutet Suche nach dem Sinn des Lebens und Erkenntnis höherer Zusammenhänge.

Element: Feuer
Elemental: Salamander
Himmelsrichtung: Südosten
Zeichen: beweglich
Geschlecht: männlich
Metall: Zinn
Wochentag: Donnerstag
Edelsteine: Amethyst, Dumortierit, Jaspis, Lapislazuli, Purpurit, Saphir, Smaragd, Sodalith, Sugilit, Topas, Türkis
Tiere: Elefant, Pferd, Schwein, Schwan, Eule, Paradiesvogel
Farben: leuchtendes Rot, Blau und Gelb; purpur, violett
Motto: Ich suche.
Stärken: großmütig, tolerant, intuitiv, leichtfüßig, dynamisch, freiheits- und wahrheitsliebend
Schwächen: taktlos, prahlerisch, leichtsinnig, verschwenderisch, rechthaberisch
Aufgabe/Ziel: mit Ernsthaftigkeit das Selbst entdecken, den Lebenssinn ergründen und an großen Aufgaben arbeiten
Berühmte Personen: Walt Disney, Papst Johannes XXIII., Ludwig van Beethoven, Josef Stalin, Frank Sinatra, Maria Callas, Mark Twain

Der Planet Jupiter hilft dem Schützen, sich als Teil der Gesellschaft zu empfinden. Der Schütze ist ehrlich, gerecht, liebenswert und aufgeschlossen. Er sagt offen seine Meinung und seine Wahrheit. Wortreich und geschickt legt er seine Ansichten dar.

Auf der Suche nach Weisheit beschäftigt er sich gerne mit Naturwissenschaften, Philosophie und abstrakten Grundregeln. Er ist idealistisch und liebt seine Freiheit und Unabhängigkeit. Durch Reisen möchte er seinen Horizont erweitern.

Verwendung im Schmuck: Die Glyphe (Symbolzeichen) des Pfeils kann man gut mit Amethyst, Dumortierit, Jaspis, Lapislazuli, Purpurit, Saphir, Smaragd, Sodalith, Sugilit, Topas und Türkis kombinieren.

Dieses Symbol steht für Optimismus, Wahrheitssuche und Offenheit.

STEINBOCK ♑

Datum: 21. Dezember–20. Januar
Symbol: ♑
Bedeutung des Symbols: Das Zeichen stellt zum einen die Sonne dar, die aus der Dunkelheit wieder nach oben steigt, und zum anderen drei vereinigte Halbkreise, welche die Verbindung von Gegensätzen (Licht – Finsternis; Wintersonnenwende) symbolisieren.

Zuordnungen

Planet: Saturn   Symbol: ♄
Bedeutung des Symbols: Das Kreuz (Materie) steht über dem Halbkreis (Mond, Seele, Gefühl). Die Last des täglichen Lebens mit seinen Problemen schränkt die Entfaltung der Gefühle ein.

Element: Erde
Elemental: Trolle, Gnome
Himmelsrichtung: Norden
Zeichen: kardinal
Geschlecht: weiblich
Metall: Blei
Wochentag: Samstag
Edelsteine: Bergkristall, Chrysopras, Diamant, Granat, Obsidian, Onyx, Rauchquarz, schwarze Perle, schwarzer Turmalin
Tiere: Esel, Kamel, Rabe, Schäferhund, Steinbock, Ziege
Farben: schwarz, dunkelblau, grau, grün
Motto: Ich leiste.
Stärken: ausdauernd, gewissenhaft, ruhig, klar, konzentriert, beständig, genügsam, einfach
Schwächen: einsam, introvertiert, freudlos, kontaktarm
Aufgabe/Ziel: sich auf das Wesentliche konzentrieren, jedoch beweglich bleiben und dadurch zu Anerkennung und Erfüllung finden
Berühmte Personen: Konrad Adenauer, Albert Schweitzer, Martin Luther King, Mao Tse-tung, Elvis Presley, Helena Rubinstein

Der Steinbock wird vom Saturn regiert. Beide Symbole stehen für materiellen Erfolg und Autoritäts-, Führungs- und Vaterpersonen.

Der Steinbock steht für Autorität und Sicherheit. Er ist zuverlässig und bereit, sich für die Gemeinschaft einzusetzen.

Oft ist er verschlossen, kritisch und wenig spielerisch und experimentierfreudig. Er versucht, möglichst effektiv zu sein und zu arbeiten. Mit Ausdauer, Vorsicht, Ehrgeiz und Geduld bemüht er sich, den Wesenskern zu ergründen. Sein Humor ist oft sarkastisch. Er sollte mehr Gefühl zeigen.

Verwendung im Schmuck: Das Symbol des Steinbocks wird verstärkt durch Bergkristall, Chrysopras, Diamant, Granat, Obsidian, Onyx, Rauchquarz, schwarze Perle und schwarzer Turmalin.

Steinbock stärkt die Zielstrebigkeit, den Ehrgeiz und die Sorgfalt.

WASSERMANN ♒

Datum: 21. Januar – 19. Februar
Symbol: ♒
Bedeutung des Symbols: Zwei Wellenlinien als Symbol des ewig fließenden Wassers (= Intuition) und der Beweglichkeit.

Zuordnungen
Planet: Uranus   Symbol: ⚨
Bedeutung des Symbols: Das Sonnensymbol (Kreis mit Zentrum = Bewußtheit, Zentrierung) verbunden mit einem nach oben gerichteten Pfeil. Der Pfeil führt aus der nach innen gerichteten Bewußtheit zu einer höheren Bewußtwerdung, zum Himmel.

Element: Luft
Elemental: Gnome und Trolle
Himmelsrichtung: Nordost
Zeichen: fix
Geschlecht: männlich
Metall: Aluminium, Zink
Wochentag: Samstag
Edelsteine: Aquamarin, Apatit, Azurit, Chrysokoll, Coelestin, Fluorit, Opal, hellblauer Saphir, Türkis, Paraiba-Turmalin
Tiere: Vögel, Känguruh, Giraffe, Windhund, Schmetterling
Farben: blasses Grau und Grün; blasse, metallische Farben

Motto: Ich weiß.

Stärken: spontan, einfallsreich, reformerisch, genial, abenteuer-
lustig, originell

Schwächen: unruhig, gefühlskalt, nervös, überspannt, ängstlich

Aufgabe/Ziel: durch Ablegen alter Muster zu höherem Wissen und
zur eigenen Stärke finden

Berühmte Personen: Wolfgang Amadeus Mozart, Thomas A. Edi-
son, Theodor Heuss, James Dean, Paul Newman, Ronald Reagan

Der Wassermann wird vom Uranus, aber auch vom Saturn beeinflußt.

Er ist zwar sehr freiheitsliebend, setzt sich aber für die Gesellschaft ein und versucht, sie nach seinen Gedankenbildern zu verändern. Er ist ein zuverlässiger Freund und sehr gesellig. Liebes-
bindungen geht er jedoch nicht so schnell ein.

Sein Wissen und seine Intuition setzt er oft entschlossen zum
Wohle von Gruppen oder Organisationen ein. Manchmal tritt der
Wassermann als Reformer konsequent und gefühllos für das Recht
ein.

Verwendung im Schmuck: Aquamarin, Apatit, Azurit, Chrysokoll,
Coelestin, Fluorit, Opal, hellblauer Saphir, Türkis und Paraiba-
Turmalin eignen sich zur Kombination mit diesem Symbol.

Das Wassermann-Zeichen fördert Idealismus, Toleranz und soziales Verhalten.

FISCHE ♓

Datum: 20. Februar – 20. März

Symbol: ♓

Bedeutung des Symbols: Zwei Halbkreise (Seele), die miteinander
verbunden sind, stellen zwei Fische dar, die in unterschiedliche
Richtungen schwimmen möchten. Der eine zurück zum Ursprung,
zum Schöpfer, der andere zur erneuten Menschwerdung.

Zuordnungen

Planet: Neptun   Symbol: ♆

Bedeutung des Symbols: Ein Halbkreis (Seele) verbunden mit dem
Kreuz (Materie) stellt den Dreizack des Meeresgottes Neptun dar.

194

Das Symbol steht für Ideale und die Erfüllung, die über den Banalitäten des täglichen Lebens liegt.

Element: Wasser
Elemental: Nymphen, Undinen
Himmelsrichtung: Ost oder West
Zeichen: beweglich
Geschlecht: weiblich
Metall: Aluminium, Zinn
Wochentag: Donnerstag
Edelsteine: Amethyst, Aquamarin, Fluorit, rosa Koralle, Jade, Opal, Mondstein, Perle, Purpurit, dunkelblauer Saphir, Sugilit, Türkis
Tiere: Wassertiere und Fische
Farben: blasses Grün, Rosa, helles Violett
Motto: Ich glaube.
Stärken: phantasievoll, intuitiv, einfühlsam, selbstlos, sensibel
Schwächen: beeinflußbar, unordentlich, süchtig, labil, unklar.
Aufgabe/Ziel: durch Selbstvertrauen und Verantwortung zu Wahrheit und Einheit gelangen
Berühmte Personen: Edgar Cayce, Albert Einstein, Rudolf Steiner, Karl May, Elizabeth Taylor, Enrico Caruso, Frederic Chopin, Mikhail Gorbatschow

Neptun, der Herrscher der Fische, hilft Ihnen mit der Verbindung zum Kosmos beim Loslassen des Ego. Er schenkt Vorstellungskraft und Mitgefühl.

Fische sind sehr einfühlsam, phantasievoll und empfänglich für Einflüsse von außen. Sie sind spirituell veranlagt, leicht verletzbar und bauen sich daher ihre eigene Vorstellungswelt auf.

Sie sind sehr anpassungsfähig, hilfsbereit und humorvoll.

Für Kunst sind sie sehr aufgeschlossen.

Als Meeresgeschöpf, oft als zwei entgegengesetzt schwimmende Fische dargestellt, deutet dieses Symbol auf Beweglichkeit und Lebendigkeit hin. Ein Glückssymbol für Überfluß und Reichtum, für Harmonie und Gemeinschaft. In vielen alten Kulturen und in neuerer Zeit steht der Fisch auch für das Selbst.

Verwendung im Schmuck: Besonders violette Steine wie Amethyst, Fluorit, Purpurit und Sugilit, sowie Aquamarin, rosa Koralle, Jade,

Opal, Mondstein, Perle, Türkis. Dunkelblauer Saphir und das Metall Platin fördern die Aussagekraft dieses Zeichens.

Fische stehen für Charme, Intuition, Anpassungsfähigkeit und Gefühlstiefe. Turmaline in verschiedenen Farben eignen sich zur Unterstützung der Fische-Eigenschaften. Ein Fische-Symbol, in einen mehrfarbigen Turmalin eingeschliffen, führt zu besonderer Harmonie mit der Umwelt.

PLANETEN

Das Wort Planet kommt aus dem Griechischen (*Planetein* = Wandern) und bezeichnet für den Astrologen die Himmelskörper, die sich, von der Erde aus gesehen, am Sternenhimmel zu bewegen scheinen.

Als wichtigste astrologische Symbole repräsentieren sie Energien, Dynamik und Werdeprozesse, mit denen der einzelne Mensch je nach Horoskop mehr oder weniger stark konfrontiert wird.

Im Horoskop zeichnen sie die Hauptcharaktereigenschaften eines Menschen, die ihm für das Leben zur Verfügung stehen.

Anschließend werden die Hauptwirkungen und -aussagen der wichtigsten Planeten erläutert. So können sie bei Verwendung im Symbolschmuck gezielt zur Stärkung und Unterstützung erwünschter Tendenzen eingesetzt werden.

♃ JUPITER

Jupiter symbolisiert körperliches und geistiges Wachstum. Durch Handlung und Erfahrung können die Grenzen der äußeren Welt erweitert und das Erfaßte, Erfahrene in die eigene Welt integriert werden. Dadurch werden das Bewußtsein und die ethischen, religiösen und spirituellen Erkenntnisse erweitert.

Jupiter steht auch für Erfolg, väterliche Fürsorge und lebenszugewandte Philosophie.

Der Donnerstag ist diesem Planeten zugeordnet.

Verwendung im Schmuck: Das gravierte oder geformte Symbol wird durch die Edelsteine Amethyst und Sugilit und das Metall Zinn verstärkt. Neue Erfahrungen und spirituelle Suche werden gefördert.

♂ MARS

Das Symbol zeigt einen Kreis mit einem nach schräg oben gerichteten Pfeil. Hier wird die zielgerichtete Energie gezeigt, die die Einheit verläßt. Sie dringt mit Aggression und Schnelligkeit in eine gezielte Richtung.

Der Mars stellt die männliche Energie dar, das Yang, verbunden mit Vitalität, Gewalt und Kraft. Diese Energie sichert das Überleben und Behaupten der eigenen Individualität. Dazu werden die Unterschiede des Individualismus zum Außen betont, wenn nötig durch Kampf, Aggression oder auch Flucht. Die zwei Monde des Mars heißen Phobos und Deimos und bedeuten Furcht und Schrecken. Wenn nötig, ist Mars-Energie mit Adrenalinausschüttung und Streß verbunden.

Die Unterdrückung der Mars-Energie führt zu entzündlichen hitzigen Reaktionen wie Fieber oder auch zu Unfällen oder vermehrter Sexualität.

Der Dienstag ist der Mars-Tag (span. *martes*).

Verwendung im Schmuck: Das gravierte oder geformte Symbol wird noch verstärkt in Kombination mit Edelsteinen wie Onyx, Granat, Hämatit und Rubin, sowie durch die Metalle Stahl oder Eisen.

Mars hilft, sich selbst besser zu verwirklichen und auszudrücken, und verleiht die nötige Zielstrebigkeit und Kraft dazu.

☿ MERKUR

Das Symbol des Merkur ist ein Kreis, auf dem oben eine Schale steht und an dem unten ein Kreuz hängt.

Der Kreis ist als Sinnbild für das Göttliche, den Logos zu verstehen, der von oben empfängt und speichert (die Schale) und an die Materie (das Kreuz) weitergibt. Ideen und Intuition sind symbolisch dargestellt.

Merkur erleichtert die Kommunikation sowohl zum Göttlichen, zur Intuition, als auch innerhalb des Nervensystems des Körpers, vom Geist zu den Organen. Er bewirkt Umwandlung, Übersetzung von Sinneserfahrungen in symbolische Darstellung oder in sprachlichen Ausdruck. Er wirkt so verbindend zwischen den Polen. Daher ist er auch der Planet der alltäglichen Reise, des Verkehrs und Transports.

Merkur unterstützt sowohl die Logik und den Verstand als auch die körperliche Geschicklichkeit.

Der Mittwoch ist der Tag des Merkurs.

Verwendung im Schmuck: Man kann den Merkur als graviertes Symbol verwenden.

Seine Energie wird durch hellblaue Edelsteine, besonders Aquamarin und Chalzedon, verstärkt.

Dieses Symbol unterstützt die Ausdruckskraft und den Umwandlungsprozeß von Sinneseindrücken in zeichnerische und symbolische Darstellung, sowie von Übersetzungen in andere Sprachen.

☽ MOND

Der Mond ist die Yin-Kraft, die mit den weiblichen Aspekten im Menschen verbunden ist. Sie stellt für die Yang-Kräfte die Umstände bereit, um sich zu verwirklichen.

Das Mondsymbol stellt ein auf der Spitze stehendes Gefäß dar, das auch den Mutterschoß, die Gebärmutter, repräsentiert. Hier werden Gefühle und Emotionen (oft unbewußter Art) geboren und aufbewahrt.

Der Mond symbolisiert aber auch die früheren Lebensumstände, wie Vergangenheit, Kindheit und Familie, sowie das Gefühl der Geborgenheit, des Sich-zu-Hause-Fühlens und des Heims und Hauses.

Der Montag ist dem Mond zugeordnet.

Verwendung im Schmuck: Ein gravierter Mond oder ein aus Metall gearbeiteter Mond stärken die Emotionen und Gefühlswahrnehmungen.

Man fühlt sich behütet und beschützt.

Besonders Silber drückt die Mondenergie aus und verstärkt sie.

♆ Neptun

Neptun ist ein Gegenpol zu Saturn. Er vertritt die Wahrheiten und das Göttliche außerhalb von Raum und Zeit. Er enthält alle Gegensätze.

Die mystische Wahrnehmung, die Auflösung des »Ich«, Kreativität und abstrakte Kunst werden von ihm symbolisiert. Aber auch Illusion, Verwirrung, Suchtgefahr, Märtyrium, mangelndes Selbstbewußtsein sind seine Aspekte.

Verwendung im Schmuck: Das gravierte oder geformte Symbol kann mit einem Türkis oder Amethyst kombiniert werden.

Neptun fördert die schöpferische Phantasie und die mystische Wahrnehmung.

♇ Pluto

Pluto bewirkt den Zusammenbruch von Realitäten (die von Saturn bis in die Starrheit verfestigt wurden).

So wird Raum geschaffen für die Erweiterung des Bewußtseins. Der Tod zieht die Wiederauferstehung nach sich.

Pluto ist wie ein Feuer, das alles Alte, Verdorrte verbrennt und so hilft loszulassen. Er verstärkt dunkle Gefühle, um sie so ins Licht zu heben und aufzuarbeiten.

Pluto ist auch die Schwingung von Heilern, religiösen und spirituellen Leitfiguren und von Magiern, die sich zuerst innerlich reinigen müssen, bevor sie arbeiten können.

Wird die gewaltige Kraft und Macht Plutos mißbraucht, baut sich Widerstand auf, der zum Scheitern führt.

Verwendung im Schmuck: Das gravierte oder aus Metall geformte Symbol wird durch die Kombination mit Turmalinquarz, Spinell oder Kunzit verstärkt.

Pluto ist der Erneuerer. Wer bereit ist, an sich und seinen Schattenseiten und Fehlern zu arbeiten, kann dieses Symbol zur Unterstützung verwenden.

♄ SATURN

Das Symbol zeigt ein Kreuz mit einer Sichel oder einem Stachel. Das Kreuz steht für das Ausbreiten in Raum und Zeit und für geistige Erkenntnis. Der Stachel kann der Einsicht Nachdruck verleihen.

Saturn ist oft der Gegenpol zu anderen Planeten-Energien und erleichtert so das Spiel der Polaritäten.

Er setzt der Ausdehnung Grenzen, stellt die Regeln auf und läßt kollektive Wahrheiten und Gesetze bewußt werden.

Er lehrt Disziplin, Geduld, Konsequenz und bringt Fehler zutage.

Man lernt, Selbsttäuschungen aufzugeben, Erfahrungen zu akzeptieren und seine Grenzen zu erkennen. Bei zu starker Präsenz führt Saturn bis in die Starre, Kristallisation und Einengung. Der Saturn schafft eine geordnete, manchmal schon zu starre Welt.

Saturn wird oft durch Autoritäten wie Vater, Führer, Schule oder Chef repräsentiert.

Samstag ist der Tag des Saturn.

Verwendung im Schmuck: Das Symbol, ob als Gravur oder als geformter Schmuck, wird durch Jaspis, Obsidian, schwarzen Turmalin, Hämatit und Diamant verstärkt. Das Metall des Saturn ist das Blei, es hat das gleiche Symbolzeichen.

Saturn macht Fehler und Grenzen bewußt. Er fördert Reife und Verantwortungsbewußtsein.

☉ SONNE

Das Symbol zeigt einen Kreis mit Mittelpunkt. Das Göttliche ruht in seiner Mitte.

Die Sonne steht für Energie. Sie ist die Energiequelle allen Daseins und verhilft zur Selbstverwirklichung.

Sie ist als Yang-Symbol männlich und repräsentiert Wille, Kraft, Vaterschaft und Autorität. Sie bringt Licht in die Schattenseiten und erhellt das Gemüt.

Der Sonntag ist der Sonne geweiht.

Verwendung im Schmuck: Zum Beispiel als graviertes Symbol zur Verstärkung der männlichen, energievollen Seiten im Menschen. Die Sonne ist auch mit dem Metall Gold verbunden und wird durch Gold symbolisiert. Besonders orangefarbene und gelbe Steine drücken die Sonnenenergie aus.

♂ URANUS

Wir sehen hier den Kreis mit Zentrumspunkt (das Zeichen der Sonne) mit einem nach oben gerichteten Pfeil. Die Energie kommt hier zum Ausbruch. Eine zielgerichtete Kraft bringt Veränderung.

Uranus bringt den Zufall, die Bewegung im Spiel.

Ungewöhnliches, Revolutionäres, Reformerisches zerstört rücksichtslos alte, erstarrte Strukturen. Katastrophen, erwachende Lebenskräfte, neue Techniken, Freiheitsdrang und Individualität sind die Werkzeuge von Uranus.

Verwendung im Schmuck: Das gravierte oder geformte Symbol kann durch einen Feueropal verstärkt werden.

♀ VENUS

In diesem Symbol sehen wir den Kreis (das Göttliche, der Logos) und ein nach unten gerichtetes Kreuz (die Materie, die Erde). Hier wird angezeigt, daß die göttliche Energie in die Materie gebracht und dort verankert wird.

Aber auch die Transformation der irdischen Erfahrungen in Liebe wird durch Venus unterstützt.

Die Schöpfung eines gemeinsamen, harmonischen, schönen Ganzen aus verschiedenen Elementen wird möglich.

Die Venus verstärkt auch den Ausdruck der Individualität im Menschen, so daß der Mensch auch im Selbstausdruck schöpferisch wird und so seine inneren Wahrheiten ausdrücken kann.

Die Yin-Kraft der Venus unterstützt die soziale Verträglichkeit, die Bildung von Gemeinschaften, die Mutterliebe und die Menschenliebe. Starke Elemente der Venus sind Schönheit und Harmonie.

Der Freitag ist Venus geweiht.

Verwendung im Schmuck: Das gravierte oder geformte Symbol der Venus wird durch Edelsteine wie Azurit, Malachit, Olivin, Kunzit, Rosenquarz und Türkis sowie durch das Metall Kupfer verstärkt.

ELEMENTE

Der Grundgedanke der kosmischen Elemente Erde, Feuer, Luft und Wasser war, daß sich alles Bestehende aus diesen vier Stoffen zusammensetzt. Im Laufe der Entwicklung wurden immer mehr Entsprechungen, wie zum Beispiel die vier Temperamente (Choleriker – Feuer, Phlegmatiker – Wasser, Melancholiker – Erde und Sanguiniker – Luft) hinzugefügt. Aristoteles fügte noch ein feinstoffliches, fast geistiges Element, den Äther, hinzu.

Heute stellen die vier Elemente schematische Grundlagen, Orientierungshilfen und Entsprechungssysteme dar. Jedes dieser vier Elemente symbolisiert also bestimmte Energien und Eigenschaften.

In China kennt man fünf Elemente Feuer, Wasser, Erde, Holz und Metall.

Sie haben folgende Zuordnungen:

Wasser: 1, Norden, Winter, Tiefe; wird von Erde besiegt
Feuer: 2, Süden, Sommer, Höhe; wird von Wasser besiegt
Holz: 3, Osten, Frühling; wird von Metall besiegt
Metall: 4, Westen, Herbst; wird von Feuer besiegt
Erde: 5, Mitte; wird von Holz besiegt

An dieser Stelle werden die vier klassischen Elemente, ihre wichtigsten Eigenschaften und Zuordnungen vorgestellt.

ERDE ▽

Die Erde ist das Material, aus dem alles Leben geformt wird. Sie wird oft als Mutter Erde bezeichnet und schenkt uns Schwerkraft, Geduld, Festigkeit und Beharrungsvermögen.

Die Erde ist Symbol für den Grundstoff der Schöpfung, der Materie und Weiblichkeit. Besitzstreben, Wohlbefinden und Pflichtbewußtsein sind mit ihr verbunden. Die Erde bietet das Material um Formen zu schaffen und die Elemente zu trennen.

Zuordnungen

Körperteile: Haut, Knochen, Galle, Milz

Farben: schwarz, braun, grün, gelb

Jahreszeit: Herbst

Tageszeit: Abend

Himmelsrichtung: West

Tarotsymbol: Münzen

Erzengel: Uriel. Die Erdintelligenz vermittelt Weisheit, Ehrfurcht und Erleuchtung.

Temperament: Melancholiker

Ausdruck: Realität, Materie, Resultate, Fähigkeiten

Bereich: Körper, Sinne

Symbol: Pentagramm, Würfel, nach unten gerichtetes Dreieck mit waagerechter Linie durch die Spitze, Erde, Geld, Talente

Metalle: Blei, Quecksilber (Mercurium)

Tierkreiszeichen: Stier, Jungfrau, Steinbock

Edelsteine: Die Steine des Elements Erde vermitteln Geduld, Beharrlichkeit, Ruhe, Stabilität, Fruchtbarkeit, Erfolg und Harmonie:

Achat, Kunzit, Smaragd, Azurit, Jade, Sodalith, Chalzedon, Lapislazuli, Schörl, Chrysopras, Malachit, Tigerauge, Granat, Moosachat, Turmalinquarz, Heliotrop, Olivin, Türkis, Karneol, Rhodonit

Schattenseite: Überbetonung der Materie, Gier, Genußsucht, Faulheit, mangelnde Ausdauer, Ablehnung des Materiellen

FEUER △

Feuer ist eine dynamische, männliche, belebende, reinigende, strahlende Kraft, die Licht, Wärme und Erleuchtung vermittelt. Das Feuer kann aber auch zerstören, verletzen und töten. Als Blitz oder rotglühende vulkanische Lava kann es sowohl vom Himmel als auch aus der Erde kommen. Es wird sowohl für Protestäußerungen (verbrennen von Flaggen, Dokumenten), als auch zum Ausdruck der Freude (Feuerwerk) verwendet.

Zuordnungen
Körperteile: Galle, Leber, Stoffwechsel
Farben: rot
Jahreszeit: Sommer
Tageszeit: Mittag
Himmelsrichtung: Süd
Tarotsymbol: Stäbe
Erzengel: Michael sorgt für Gerechtigkeit, Vernunft, Ausgleich und Heilung organischer Krankheiten.
Temperament: Choleriker
Ausdruck: Tatendrang, Kreativität, Stärke, Lebenskraft
Bereich: Moral, Energie
Symbol: Dreieck mit Spitze nach oben, Licht, Sonne, Feuer, Blitz
Metalle: Gold, Eisen, Stahl
Tierkreiszeichen: Widder, Löwe, Schütze
Edelsteine: Die Steine des Feuerelements kann man unter anderem für Energie, Stärke, Mut, Schutz, zur Aktivierung und zur Reinigung einsetzen:
Achat, Kunzit, Rhodochrosit, Bernstein, Lapislazuli, Rubin, Citrin, Larimar, Rutilquarz, Diamant, Malachit, Saphir, Granat, Obsidian, Sonnenstein, Hämatit, Onyx, Spinell, Heliotrop, Opal, Tigerauge, Karneol, Peridot, Topas, Koralle, Pyrit, Zirkon

Schattenseite: Machtmißbrauch, Kampf, mangelnde Ausdauer, Rückzug

LUFT

Luft ist aktiv, männlich und alles durchdringend. Sie gibt uns Lebensenergie und ist Träger von Licht, Schall und Geruch. Sie regiert die Welt des Verstandes, des Wissens, der Gedanken, der Atmung und der Kommunikation.

Zuordnungen
Körperteile: Nerven, Nase, Gehör, Geruchssinn, Atmungsorgane, Blut, Herz
Farben: blau, gelb, gold, glänzende Farben
Jahreszeit: Frühling
Tageszeit: Morgen

Himmelsrichtung: Ost
Tarotsymbol: Schwerter
Erzengel: Raphael heilt Wunden und bringt Atem und Licht.
Temperament: Sanguiniker
Ausdruck: Verstand, Wertung, Entscheidung
Bereich: Geist, Atem, Düfte, Töne
Symbol: Oktaeder (Achteck), Dreieck mit waagerechter Linie durch die Spitze, die nach oben gerichtet ist, Himmel, Wind
Metalle: Aluminium, Merkurium, Zinn
Tierkreiszeichen: Zwillinge, Waage, Wassermann
Edelsteine: Diese Steine können für Verstand, Lernen, Forschung, Ausdruckskraft und Reisen benutzt werden:
Amazonit, Diamant, Moldavit, Türkis, Amethyst, Fluorit, Moosachat, Aventurin, Iolith, Saphir, Bernstein, Jade, Selenit, Chalzedon, Jaspis, Smaragd, Coelestin, Kyanit, Sodalith, Citrin, Labradorit, Topas

Schattenseite: Kritik, übertriebene Verstandesbetonung und Kontrolle, Pessimismus, Zweifel

WASSER

Unser Körper besteht zu einem großen Teil aus Wasser. Die Körperflüssigkeiten sorgen für Bewegung und Transport. Wasser ist passiv und symbolisiert Wiedergeburt, Chaos, Fruchtbarkeit, Bewußtsein, Gefühle, Liebe, Kommunikation, Ewigkeit, Verinnerlichung, Weiblichkeit und Reinheit.

Zuordnungen
Körperteile: Gehirn, Schleim, Blutgefäße, Gebärmutter
Farben: weiß, blau
Jahreszeit: Winter
Tageszeit: Nacht
Himmelsrichtung: Nord
Tarotsymbol: Kelche
Erzengel: Gabriel ist der Bote von Bewußtheit, Leben, Fruchtbarkeit und Liebe.
Temperament: Phlegmatiker
Ausdruck: Gefühl, Unbewußtes, Vorstellungskraft

Bereich: Seele, Gefühle
Symbol: Ikosaeder (Zwanzigflächner), Dreieck mit Spitze nach unten, Mond, Meer, Wasser
Metalle: Kupfer, Messing, Silber
Tierkreiszeichen: Krebs, Skorpion, Fische
Edelsteine: Die Kristalle dieses Elements können für Liebe, Freundschaft, Reinigung, Heilung, Frieden, Ruhe, Schlaf, Träume, Intuition und mehr Beweglichkeit eingesetzt werden:
Amethyst, Jade, Rodochrosit, Aquamarin, Koralle, Rhodonit, Aventurin, Kunzit, Rosenquarz, Azurit, Lapislazuli, Saphir, Bergkristall, Lepidolit, Selenit, Beryll, Magnetit, Sodalith, Calcit, Mondstein, Sonnenstein, Chalzedon, Perle, Sugilit, Chrysokoll, Rauchquarz, Turmalin

Schattenseite: Träumerei, erdrückende Gefühlswelt, Ängste, überbetonte Schutzhaltung

SYMBOLFIGUREN

EINHORN

Das Einhorn ist ein seit 400 v. Chr. bekanntes Fabelwesen. Es wird verschieden dargestellt, meist als weißes, eselartiges Pferd mit einem Horn auf der Stirn. Es ging die Sage, man könne es nur mit Hilfe einer Jungfrau fangen.

Sein Horn galt als heilkräftig und giftneutralisierend.

Das Einhorn ist Symbol für Reinheit, Stärke, Glück, Langlebigkeit, Sanftheit, Einsamkeit und Macht.

Verwendung im Schmuck: Da das Einhorn ein lunares, weibliches Symbol ist, paßt es gut zu Silber, Mondstein, Smaragd, Bergkristall (Reinheit) und Rosenquarz.

PEGASUS

Das geflügelte Pferd, das nach der griechischen Mythologie mit seinen Hufen die Quelle Hippokrene freilegte, galt als Zauberpferd. Das geflügelte Wesen galt als Wasserpferd des Poseidon, sowie als Blitzpferd, das vom Himmel kommt.

Es symbolisiert Gelöstheit von der Erde, Schnelligkeit, Lebenslust und -kraft sowie dichterische Höhenflüge und künstlerische Kreativität.

Verwendung im Schmuck: Aquamarin, Citrin, Lapislazuli und Mondstein passen gut zu diesem Symbol.

PHÖNIX

Der Phönix (griech: rote Farbe) ist ein mythischer Vogel, von dem die Sage geht, daß er 500 Jahre lebt und sich dann in einer Palme ein Nest aus Dufthölzern baut, das die Sonne entzündet. Durch Schlagen seiner Flügel entfacht er die Flamme und stirbt darin.

Aus der Asche steigt dann ein junger Phönix auf, um wieder 500 Jahre zu leben.

In Ägypten war der Phönix Symbol der Sonne, der Ewigkeit und der Weltseele, der die Seelen durch Tod und Wiedergeburt leitete.

Er wurde als geflügelte Sonnenscheibe abgebildet. Sein Gefieder war rot und golden oder auch vierfarbig.

In anderen Kulturen repräsentierte er Königswürde, Einmaligkeit, Schönheit, Frieden, Glück, Treue und Aufrichtigkeit. Er galt als unverwundbares Wesen, das sich nur von Tau ernährte.

Verwendung im Schmuck: In Verbindung mit Diamant, Feueropal, Padparadscha, Rubin, rotem und rosa Turmalin kommt seine Symbolkraft besonders stark zum Ausdruck. Als Metall eignet sich sowohl Gold wie auch Silber. Er hat Bezugspunkte zu den Symbolen Rose, Einhorn, Drachen, Kreis, Sonne und Dreieck mit Spitze nach oben.

REGENBOGEN

Der farbenprächtige Himmelsbogen verbindet die Erde mit dem Himmel und gilt daher seit alten Zeiten in vielen Kulturen als Vermittler zum Göttlichen.

Der Volksglaube vermutet am Ende des Regenbogens, wo er die Erde berührt, einen Schatz.

So gilt er als Symbol für Fülle und Reichtum.

Für die Inkas war der Regenbogen Zeichen ihres Sonnengottes.

Bei den Griechen übermittelte Iris, die Göttin des Regenbogens, die Botschaften der Götter an die Menschen. Der Regenbogen zeigte Noah das Ende der Sintflut und damit einen Neuanfang.

Der Regenbogen trägt sieben Farben in sich und lehrt uns

☐ Die Vielfalt aller Lebensmöglichkeiten zu entdecken,

☐ unseren inneren Reichtum zu nutzen,

☐ mehr Freude und Fülle in unser Leben zu bringen und

☐ an unserer spirituellen Entwicklung zu arbeiten.

Verwendung im Schmuck: Eine regenbogenfarbige Reihe von Edelsteinen, in einem Schmuckstück gefaßt, symbolisiert dieses Symbol besonders schön. Nur einige Steinsorten gibt es in allen Regenbogenfarben. Zum Beispiel Saphir, Turmalin und Granat. Man kann jedoch auch eine Farbreihe aus unterschiedlichen Steinen wählen.

SKARABÄUS

Der Skarabäus (Mistkäfer oder Pillendreher) ist ein Glücksbringer der alten ägyptischen und etruskischen Tradition. Bei den Ägyptern wurde er als Symbol des Urgottes Re angesehen. Er wurde oft als Schutzzeichen und Siegelstein verwendet.

Heute erfreut er sich weltweiter Beliebtheit und wird gerne, wie in antiken Zeiten, als Talisman am Hals getragen.

Das Skarabäus-Weibchen dreht Kugeln aus Dung, um seine Eier darin abzulegen. Diese Kugel wurde als Symbol der Sonne gesehen. Der Skarabäus schiebt die Kugel vor sich her, hilft also der Sonne, wieder aufzugehen.

Daher ist der Skarabäus Symbol für Sonne, Männlichkeit, Zeugungskraft, Unsterblichkeit, Auferstehung, göttliche Weisheit und Erneuerung.

Verwendung im Schmuck: Geschnitzt aus Edelsteinen wie Jaspis, Karneol, Hämatit, Granat, Sonnenstein, Feueropal, Jade und Lapislazuli wird seine Aussagekraft gestärkt. Verwandte Symbole sind Kugel, Kreis und Sonne.

YIN-YANG-ZEICHEN

Im Yin-Yang- oder T'ai-Chi-Zeichen wird die Ureinheit des Kosmos dargestellt. Die schwarze Hälfte mit dem weißen Punkt steht für Yin, das Weibliche, Passive, Empfangende, für Erde und Nacht. Die weiße Hälfte mit dem schwarzen Punkt steht für Yang, das Männliche, Aktive, Zeugende, für Himmel und Tag.

Durch das Spiel beider Kräfte entsteht die Polarität von Gut und Böse, Bewegung und Ruhe usw. und daraus das Leben des Menschen.

Die trennende Linie, das Tao, ist der Weg durch die Pole, die Harmonie, der Ausgleich.

Das Ziel ist, durch die Überwindung der Gegensätze wieder zur Einheit zu gelangen.

TAROTSYMBOLE

Die Herkunft des uralten Weisheits- und Orakelspiels verliert sich in der Vergangenheit. Die Geschichte des Tarot läßt sich bis ins 14. Jahrhundert in Europa zurückverfolgen. Die aussagekräftigen Bilder des Tarot sprechen besonders das Unterbewußtsein an. Daher wird es auch bei der Reinkarnations-Therapie zur Rückerinnerung an vergangene Leben eingesetzt. Seit alters her benutzt man das Tarot zur Deutung des Schicksals und der Zukunft.

Das Tarot besteht aus einem Deck von 78 Karten und wird in große und kleine Arkana (Geheimnisse) unterteilt.

Die **großen Arkana** bestehen aus 22 Karten, die mit Namen und Ziffern von 0–XXI versehen sind. Sie stellen den Entwicklungsweg und die Aufgaben des Menschen dar.

Die **kleinen Arkana** bestehen aus 56 Karten, die sich gliedern in:

☐ 40 Karten, die unterteilt sind in 4 Elemente bzw. Symbole: **Luft – Schwerter, Feuer – Stäbe, Wasser – Kelche, Erde – Münzen**, von denen jede Symbolserie je 10 Karten mit der Numerierung von 1–10 enthält.

☐ Außerdem gibt es 16 Hofkarten: König, Königin, Ritter und Bube jeweils in den vier Symbolen.

Zum einfachen Kennenlernen der Tarotsymbole sind nachfolgende Tabellen und Übungen gedacht. Sie sind entnommen dem TAROT – Schlüssel, H. Hofmann, Bielefeld, 1994, mit freundlicher Genehmigung des Quick-Essenz-Verlags:

Große Arkana

0 Der Narr

Spontanität, Offenheit, Neugier, Egoismus, Chaos, Naivität

I Der Magier

Kraft, Klugheit, Macht, Kontrolle, Machtmißbrauch, Unschlüssigkeit

II Die Hohepriesterin

Geduld, Liebe, Intuition, Geheimnis, Einbildung, Passivität

III Die Herrscherin

Fülle, Wachstum, Erfolg, Liebe, Untreue, Chaos, Desinteresse

IV Der Herrscher

Männlichkeit, Kraft, Klarheit Zaudern, Schwäche, Unreife

V Der Hierophant

Autorität, Rat, Ehre, Vertrauen, Heuchler, Faulheit, Intoleranz

VI Die Liebenden

Liebe, Sexualität, Entscheidung, Haß, Trennung, Untreue

VII Der Wagen

Selbstkonrtolle, Harmonie, Erfolg, Fiasko, Flucht, Streitsucht

VIII Kraft

Stärke, Vertrauen, Mut, Gesundheit, Schwäche, Angst, Gewalt, Wut

IX Der Eremit

Weisheit, Ruhe, Inspiration, Unreife, Sturheit, Verlust

X Rad des Schicksals

Veränderung, Glück, Neuanfang, Resignation, Pech, Karma

XI Gerechtigkeit

Gerechtigkeit, Urteil, Ausgleich, Rücksicht, Vorurteil, Ungerechtigkeit

XII Der Gehängte

Erlösung, Reife, Prüfung, Abwarten, Langeweile, Illusion, Verzweiflung

XIII Der Tod

Umwandlung, Neubeginn, Veränderung, Verlust, Todesangst, Panik

XIV Mäßigkeit

Vertrauen, Heilung, Harmonie, Launenhaftigkeit, Unverständnis, Intoleranz

XV Der Teufel

Verletzung, Lüge, Abhängigkeit, Befreiung, Überwindung der Angst

XVI Der Turm

Zerstörung, Befreiung, Erkenntnis, Verhärtung, Trennung, Verlust

XVII Der Stern

Weisheit, Fülle, Reise, Zukunft, Eigensinn, Pech, Enttäuschung

XVIII Der Mond

Träume, Gefühl, Phantasie, Schlaf, Chaos, Angst, Schwäche

XIX Die Sonne

Lebensfreude, Liebe, Wärme, Reinheit, Egoismus, Gewalt, Protz

XX Gericht

Erneuerung, Lernen, Wachstum, Recht, Vorurteil, Verzögerung, Zaudern

XXI Die Welt

Erfolg, Erkenntnis, Lohn, Bewegung, Mißlingen, Leichtsinn, Stillstand

Kleine Arkana

Tarot/zugeordn. Element Bedeutung/Farbe Bedeutung der Zahl Kabbalistisches Prinzip	Schwerter/Luft Klärung, Verstand gelb (weiblich)	Stäbe/Feuer Energie, Stärke rot (männlich)	Kelche/Wasser Gefühl, Gerechtigkeit blau	Münzen/Erde Materie, Realismus braun
As 1 Chance, Stärke Ursprung (Anfang) Kether = Krone	Klarheit, Chance, Erfolg, Unglück, Hindernis	Selbstverwirklichung, Kraft, Glück, Starre, Unklarheit	Vollendung, Harmonie, Gefühlstiefe, Veränderung, Unsicherheit	Wohlstand, Glück, Chance, Gier, Vergeudung
2 Gegensätze, Dualität, Auseinandersetzung Chochmah = Weisheit	Wahrheitssuche, Logik, Falschheit, Scheinfriede	Reife, Diskussion, Neutralität, Zweifel, Rechthaberei	Verbindung, Anziehung, Liebe, Ärger, Trennung	Veränderung, Anpassungsfähigkeit, Wankelmut, Charakterlosigkeit
3 Ausgleich, Erfolg, Idee Binah = Verständnis	Schmerzliche Erkenntnis, Trennung, Verlust, Angst	Kreativität, Stärke Neuanfang, Leichtsinn, Rechthaberei	Freude, Gleichgewicht, Dankbarkeit, Verschwendung, Übermaß	Können, Vollendung, Anerkennung, Achtlosigkeit, Schwäche
4 Verwirklichung, Ordnung, Starre Chesed = Gnade	Pause, Rückzug, Verzicht, Aktivität, Umsicht	Harmonie, Frieden, Vollendung, Unsicherheit, Unvollkommenheit	Enttäuschung, Erstarrung, Ärger/ungenutzte Chance, neue Beziehung	Gier, Starre, Macht, Sturheit, Widerstand
5 Veränderung, Erkenntnis, Krise, Dynamik Geburah = Härte	Verlust, Niederlage, Bosheit, Unsicherheit, Schwäche	Konkurrenz, Gewinn, Wettkampf, Betrug, Feigheit	Reue, Verlust Trauer, Nachricht, Wiedersehen	Krise, Armut, Verlust, Pech, Chaos, Beziehungsprobleme
6 Vermittlung, Übergang, Zeit Tipheret = Ausgleich	Neubeginn, Reisen Veränderung Zögern, Hemmnis	Hoffnung, gute Nachricht, Sieg Furcht Unsicherheit, Krise	Erinnerungen, Kindheit, Gefühle/Pläne, Möglichkeiten, Erbschaft	Toleranz, Erfolg, Hilfsbereitschaft, Eifersucht, Neid
7 Erfolg, Kampf, List, Unsicherheit Nezah = Sieg	Bluff, Mut, raffinierte Pläne, List, Furcht, Täuschung	Einsatz, Wettbewerb, Erfolg, Angst, Zögern, Zweifel	Illusion, Traum, unverhoffte Hilfe, Rausch, Willenskraft	Entwicklungsphase, Geduld, Gewinn, Angst, Ungeduld, Fehlschlag
8 Änderung, Neuordnung, Loslassen Hod = Pracht	Krankheit, Lustlosigkeit, Konflikt, Problem, Verrat	Fortschritt, Nachricht, Neubeginn, Zweifel, Streit	Trennung, Schwermut, Verzicht, Zielstrebigkeit, Frohsinn	Beginn, Handwerk, Lernen, Unehrlichkeit, Pfusch, Wucher

	Schwerter/Luft	Stäbe/Feuer	Kelche/Wasser	Münzen/Erde
9 Vollendung, Pause, Verinnerlichung, Jesod = Fundament	Belastung, Sorgen Alptraum, Rache, Panik, Verdacht	Vorsicht, Widerstand Stärke, Verzögerung, Unachtsamkeit	Fröhlichkeit, Glück, Genuß, Überheblichkeit, Verschwendung	Wachstum, Fülle, Gewinn, Glück, Gefahr, Unsicherheit
10 Neubeginn, Fülle, Einheit, Malkuth = Schöpfung	Zusammenbruch, Schmerz, Überlastung, Mißtrauen, Festhalten	Belastung, Druck, Beschleunigung, Verlust, Intrigen	Segen, Harmonie, Liebe, Fülle, Ärger, Ende einer Freundschaft	Erfolg, Reichtum, Familie, Verlust, Risiko, Geiz

Kleine Arkana/Hofkarten

Tarot/zugeordnetes Element Bedeutung/Farbe Hofkarten/Bedeutung	Schwerter/Luft Klärung, Verstand/ gelb (weiblich)	Stäbe/Feuer Energie, Stärke/ rot (männlich)	Kelche/Wasser Gefühl, Gerechtigkeit/ blau	Münzen/Erde Materie, Realismus/ braun
König Herrschaft, Wille, Mann, männlich, aktiv	Klarheit, Rat, Autorität, Macht, intelligente Person Rücksichtslosigkeit, Egoismus	Willenskraft, Stärke, Chance, reife Person, Stolz, Fanatismus	Einfühlsam, hilfsbereit, Güte, gefühlvoller Mann, Verlust, Falschheit	Erdverbundenheit, Erfolg, Treue, Geschäftsmann, Materialismus, Vergeudung
Königin Weisheit, Erkenntnis, Frau, weiblich, passiv	Wille, Kühle, Geistesschärfe Erfolg, intellig., attrakt. Frau, Mißtrauen, Eifersucht, Trauer	Lebensfreude, Aufrichtigkeit, Mut, starke, sympathische Person, Sturheit, Mißtrauen	Intuition, Ruhe, Weisheit, Frau, Mutter, Geliebte, Passivität, Unehrlichk., Chaos	Reichtum, Zuverlässigkeit, Zuhause, Mutter, reife Frau, Geldgier, Faulheit
Ritter (Prinz) Fortschritt, Grundstmmg., Jüngling, Handlung, risikobereit	Tapferkeit, Temperament, Risiko, energische, aggressive Person, Ungeduld, Aggression, Gefahr	Eroberung, Ungeduld, Umzug, junger, energischer Mann Unentschlossenheit, Versagen	Fortschritt, Harmonie, Friede, junger Mann, Geliebter Betrug, Täuschung	Stabilität, Ausdauer, Tatkraft, junger, konsequenter Mann, Sturheit, Kurzsichtigkeit
Bube (Prinzessin) Stille, junger Mensch, Mädchen, Chance, lernbereit	Beweglichkeit, Einsicht, Streit, Jugendliche(r) Skandal, Krankheit, Schwäche	Neuigk., Begeisterung, Angebot, junge, aufgeschlossene Person, Unentschlossenheit, Versagen	Gefühle, Träume, Angebot, junge, gefühlsbetonte Person, Verführung, Empfindlichkeit	Fortschritt, Erfolg, Studium, junge, hilfsbereite Person, Unbeweglichkeit, schlechte Nachrichten

215

Intuitive Übungen zum Tarot:

Ⓐ Entspannen Sie sich. Atmen Sie tief und ruhig, und kommen Sie in Ihre Mitte. Ziehen Sie eine Karte, die Sie betrachten und in die sie sich einfühlen.

– Wo haben Sie diese Energie schon erlebt?
– Was fühlen Sie beim Betrachten der Karte?
– Welche Gedanken tauchen auf?

Ⓑ Tragen Sie die gezogene Karte während des Tages bei sich, betrachten Sie sie öfters. Achten Sie besonders auf die Entsprechungen im täglichen Leben.

Ⓒ Versetzen Sie sich in die Figur auf der Karte und in die entsprechende Umgebung.

– Was sehen Sie dabei?
– Was hören Sie dabei?
– Was empfinden Sie dabei?
– Was stört Sie, und was ist angenehm?

Ⓓ Betrachten Sie die Karte, und spielen Sie die Haltung und den Ausdruck der Figur nach. Versuchen Sie das mit Ihrem Körper auszudrücken.

– Welche Empfindungen haben Sie dabei?

TAROTBEFRAGUNG UND LEGESYSTEME

Sorgen Sie möglichst dafür, daß Sie nicht gestört werden und Ruhe haben.

Zunächst mischen Sie das gesamte Kartendeck, heben mit der linken (intuitiven) Hand ab und legen es aufgefächert, mit der Rückseite nach oben aus.

Wichtig ist, daß Sie Ihre Frage so klar und präzise wie möglich formulieren. Sie sollten keine Fragen stellen, die nur mit »ja« oder »nein« beantwortet werden können. Diese Fragen sollten Sie umformulieren, etwa in:

☐ Was passiert, wenn …?
☐ Was ist, wenn ich das nicht mache?
☐ Soll ich …?
☐ Wie wirkt sich … aus?
☐ Welches ist der nächste Schritt?

□ Was ist hilfreich?
□ Was gibt es zu lernen?
□ Wo führt dieser Weg hin?

Sie können das Tarot für alle Fragen verwenden, egal ob sie Vergangenheit, Gegenwart oder Zukunft betreffen.

Am besten legen Sie Ihre Frage schriftlich nieder.

Wenn Sie die Frage fixiert haben, kommt der nächste Schritt. Sie konzentrieren sich auf die Frage, entspannen sich und ziehen mit der linken (intuitiven) Hand eine oder mehrere Karten, die Sie verdeckt vor sich hinlegen. Beginnen Sie anfangs mit einer oder wenigen Karten, bis Sie entsprechende Übung haben. Gehen Sie möglichst spielerisch und locker mit den Karten um, damit Ihre Intuition leichter fließen kann und Sie auch Spaß am Tarot haben. Aber stellen Sie trotzdem grundsätzlich nur Fragen, die für Sie auch wichtig sind.

□ Mit einer Karte: Sie sehen sich die Karte an, lesen den Text dazu und bringen ihn in Bezug zur gestellten Frage. Haben Sie dann noch nicht die entsprechende Klarheit erreicht, können Sie zur besseren Deutung noch eine zweite Karte ziehen, als Deutungshilfe für die Frage oder evtl. mit einer Zusatzfrage.

□ Mit drei Karten: Sie gehen vor wie oben beschrieben, ziehen aber drei Karten. Die erste vertritt die Vergangenheit, die zweite die Gegenwart und die dritte die Zukunft der gestellten Frage. Aus dem Gesamtbild der drei Karten ergibt sich die Antwort.

□ Ein weiteres System mit drei Karten:
  1. die Frage, das Problem, das Thema
  2. das hilft zur Lösung
  3. das steht dagegen, das verhindert die Lösung

□ Zur Traumdeutung mit mehreren Karten: Stimmen Sie sich auf den Traum ein, und ziehen Sie für jede Traumfigur oder Traumsituation eine Karte, die Sie dann deuten.
  Sie können auch sogenannte Legemuster zur besseren Aufgliederung der Antworten verwenden.

□ Bei Fragen zu einer Situation mit vier Karten:
  1. Karte: Der jetzige Zustand.
  2. Karte: Das verhilft zu einem guten Ausweg.

3. Karte: Das sollte unterlassen werden.

4. Karte: Der nächste Schritt. Dahin führt der Weg.

☐ Bei Beziehungsfragen mit vier Karten:

1. Karte: Der momentane Zustand der Beziehung.

2. Karte: Die eigene Situation.

3. Karte: Die Situation des anderen.

4. Karte: Der Rat. Der nächste Schritt.

Eines der bekanntesten Legemuster ist das klassische »Keltische Kreuz«. Es schlüsselt die Frage sehr gut auf, da zehn Karten zur Deutung gezogen werden. Sie werden wie folgt ausgelegt:

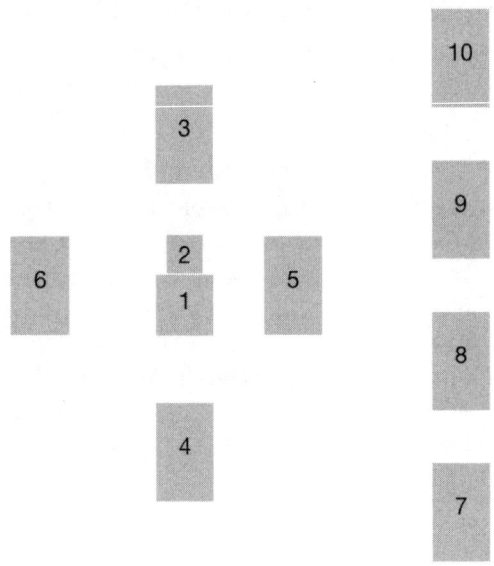

1. Karte: Ausgangssituation. Das gegenwärtige Umfeld des Fragenden.

2. Karte: Direkter Impuls. Hinderlich oder ergänzend.

3. Karte: Das Ziel. Zeigt das Schicksal, die bewußte Seite der Frage.

4. Karte: Das Unbewußte. Das manifeste Resultat vergangener Ereignisse.

5. Karte: Die neuere Vergangenheit. Die Ursache der Situation.

6. Karte: Die unmittelbare Zukunft. Was als nächstes kommt.

7. Karte: Die Person des Fragenden und seine Einstellung.

8. Karte: Der Handlungsort und seine Einflüsse auch durch andere.

9. Karte: Die innere Einstellung. Hoffnungen und Erwartungen.

10. Karte: Das Ergebnis zeigt, wohin der Weg führt. Der mögliche Höhepunkt.

SCHMUCK

Schmuck ist eine besonders schöne Art, um Symbole und Steine auf sich wirken zu lassen. Verwenden Sie die Metallfassung, die Ihnen am meisten entspricht und Ihnen auch von der Symbolik her zusagt:

☐ Gold reinigt, aktiviert, regt an, wärmt, harmonisiert und regt die Selbstheilungskräfte an. Dieses sonnige Metall verstärkt die Wirkung der Steine. Kaufen sie möglichst eine Legierung, die mindestens die Hälfte Gold enthält, also 585 (14 Karat) oder 750 (18 Karat).

☐ Kupfer symbolisiert Geborgenheit, Liebe, Harmonie, Lebenskraft, Optimismus, Schönheit und Weiblichkeit. Es entgiftet, vitalisiert und fördert die Wundheilung.

☐ Messing wirkt entgiftend, heilend, lösend und schützend.

☐ Platin ist das teuerste Metall. Es ist schwerer und härter als Gold. Es wird mit einer Reinheit von 95% (Stempel Pt 950) verarbeitet. Platin beruhigt, festigt bei Labilität und regt den Geist an. Zuviel Platin kann jedoch zu Verschlossenheit und Gefühlskälte führen.

☐ Silber steht für Schutz, Intuition, Phantasie, Liebe, Romantik und Empfindsamkeit. Es paßt besonders zu weiblichen sanften Steinen wie Aquamarin, Chalzedon, Rosenquarz oder Mondstein. Silber wird meist in einer Reinheit von 800 oder 925 (Sterling Silber) Tausendstel verarbeitet.

☐ Titan ist sehr hart und hitzebeständig. Es stärkt die Widerstandskraft, beruhigt und schützt.

Edelsteine können besser wirken, wenn sie zum Körper hin offen gefaßt sind. Machen Sie sich auch bewußt, an welcher Körperstelle Sie Ihren Schmuck tragen möchten:

Anhänger können je nach Länge der Kette auf Hals-, Herz- oder Solarplexus-Chakra wirken. Da sie in jeder Form, mit verschiedenen Steinen und Metallen sowie mit unterschiedlicher Symbolik hergestellt werden können, sind Anhänger besonders vielseitig.

Die **Kette** hat, wie der Ring, Kreisform und ihre Aussage ist mit der des Rings zu vergleichen.

Kurze Ketten beeinflussen das Kehlchakra.

Längere Ketten, die bis zum Herzen reichen, wirken auf Gefühl und Liebesempfinden.

Wer eine Kette trägt, umgibt sich mit ihrem Material (Metall, Steine etc.). Er ist von dieser Schwingung umhüllt. Daher sind Ketten sehr mächtige Symbolträger. Eventuell wird die Aussage noch verstärkt durch einen entsprechenden Anhänger aus Metall und/oder Stein. Das Tragen von Edelsteinketten stärkt die Energien, da man sich damit umgibt und die Energien an sich bindet.

Broschen wirken besonders auf den Bereich des Körpers, wo sie befestigt werden. Sie können genauso vielseitig sein wie Anhänger.

Armbänder und **Armreifen** stehen für Einheit und Unendlichkeit und binden die Energien des Armbands und seiner Aussage durch Material und Form an die Hand.

Ringe sind, wie der Kreis, ein Symbol der Ewigkeit, der Einheit und stehen auch für Ehe und Verbindungen. Ringe binden Energie und Kraft an sich.

Früher war der Ring oft ein Symbol für Macht oder Status (Bischof). Auch heute ist er manchmal noch Zeichen einer Zugehörigkeit zu Verbindungen (Familienwappen, College), oft verarbeitet mit dem entsprechenden Stein.

Der Siegelring mit seiner Gravur hinterläßt einen »Eindruck«, als Versprechen oder zur Identifizierung.

Als Schmuck können vielfältige Aussagen durch den Ring gemacht werden.

Wichtig sind dabei folgende Faktoren:

☐ Material des Rings (Metall, Glas, Stein, Legierung, Gold etc.)
☐ Form des Rings (Schlange, Viereck etc.)
☐ Kombination mit Edelsteinen
☐ An welchem Finger er getragen wird.

Besonders positiv wirkt sich aus:

Frauen: linke Hand – Ringfinger (Leber/Milz), Zeigefinger
           (Verdauung)
           rechte Hand – kleiner Finger

Männer: linke Hand – kleiner Finger (Sexualbereich)
           rechte Hand – Ring- und Zeigefinger

Da man früher glaubte, daß der Ringfinger direkt mit dem Herzen verbunden ist, entstand der Brauch, Eheringe an der linken Hand, der Seite des Herzens, auf dem Ringfinger zu tragen.

Ringe verstärken die Bedeutung des Fingers, an dem sie getragen werden:

Daumen: Antriebskraft, Ego, Energie; Mars.

Zeigefinger: Weisheit, Selbstvertrauen; Jupiter.

Mittelfinger: Stärke, Verantwortung; Saturn.

Ringfinger: Vitalität, Schönheit, Kunst; Apollo.

Kleiner Finger: Intuition, Beziehungen, Kommunikation; Merkur.

Die Ohren wurden schon in alten Zeiten durchbohrt, um Schmuck zu tragen. **Ohrringe** stimulieren über die Akupunkturpunkte der Ohrläppchen das Stirn- und Scheitelchakra.

Heute trägt man runde Ohrringe, aber auch andere mögliche Formen sowie Verbindungen von Metallen, Steinen, Plastik und anderen Materialien.

Früher trug man Ohrringe als Schutz, zur Stärkung der Augen oder Goldohrringe gegen Kopfschmerzen. Auch waren Ohrringe in manchen Kulturen ein Zeichen der Adligen und Mächtigen (z.B. bei den Inkas).

Wenn Sie zur Verwirklichung eines Ziels Unterstützung brauchen oder bestimmte Energien anziehen möchten, können Sie einen **Talisman** tragen. Nachdem Ihr Ziel klar ist, suchen Sie sich einen Stein aus, der zu Ihrem Ziel paßt. Diesen lassen Sie in dem zu Ihrem Ziel passenden Metall fassen. Außerdem können Sie noch ein Symbol wählen, das Ihr Ziel darstellt. Dieses Symbol können Sie in die Fassung Ihres Schmuckstücks eingravieren lassen, oder das Schmuckstück kann auch gleich in dieser Form gearbeitet werden.

Ein **Amulett** soll seinen Träger schützen und vor negativen Einflüssen bewahren. Dafür eignen sich besonders Schutzsteine wie Achat, Chrysokoll, Malachit, Rosenquarz, schwarzer Turmalin und Türkis. Auch hier verstärkt die richtige Verbindung von Stein, Metall und Symbol die Gesamtwirkung des Schmuckstücks.

DAS PERSÖNLICHE SYMBOL

Wie finde ich mein persönliches Symbol? Werden Sie sich zunächst darüber im klaren, wofür Sie Ihr Symbol brauchen oder einsetzen möchten:

☐ für Ihre persönliche Weiterentwicklung
☐ zur Bewußtseinserweiterung
☐ zum Meditieren
☐ zum Erreichen eines Ziels
☐ zur Problemlösung

Suchen Sie sich aus einer oder mehreren Symbolgruppen die für Ihre Zwecke passenden Symbole aus. Kombinieren Sie diese Symbole zu einem für Sie besonders aussagekräftigen Gesamtsymbol.

Beispiel: Sie möchten sich geistig und spirituell weiterentwickeln. Dazu könnten Sie das Dreieck, die Farbe Blau oder Violett und den Amethyst oder Sugilit wählen. Sie stellen sich aus violettfarbenem Material ein Dreieck zusammen, auf das Sie einen Amethyst kleben. Oder Sie tragen ein Dreieck aus Gold mit einem gefaßten Amethyst.

Wenn Sie also Ihr Ziel erkannt und gefunden haben, setzen Sie Ihr Symbol ein, um Ihr Ziel schneller zu erreichen.

Dazu können Sie Ihr Symbol entweder
1. zeichnen
2. aus Pappe herstellen
3. als Schmuck anfertigen
4. aus Kristallspitzen legen
5. visualisieren
6. oder mit anderen Symbolen kombinieren.

Zu 1. + 2. Betrachten Sie Ihre Zeichnung oder das Symbol so oft wie möglich, hängen Sie es an die Wand oder ins Fenster, und konzentrieren Sie sich mehrmals am Tag darauf.

Zu 3. Tragen Sie es als Schmuck, betrachten Sie es öfters, und legen Sie ab und zu die linke Hand darauf, um seine Wirkung zu verinnerlichen.

Zu 4. Legen Sie sich in das Kristallmuster, und lassen Sie es auf sich wirken.

Zu 5. + 6. Visualisieren Sie Ihr Symbol deutlich vor Ihrem geistigen Auge. Stellen Sie sich Ihr Ziel eingehüllt von dem Symbol vor. Richten Sie während dieser Übung Ihre ganze Aufmerksamkeit auf das Symbol.

MEDITATION MIT SYMBOLEN

Wenn Sie mit Symbolen meditieren, finden Sie zu mehr Klarheit, Intuition, Kreativität und konzentrierter Energie.

Anfangs empfiehlt es sich, in der Meditation zunächst die Symbole zu finden, die besonders für Sie geeignet sind.

Sie können folgendermaßen vorgehen:

☐ Legen Sie eine angenehme Musik auf.
☐ Sorgen Sie dafür, daß Sie nicht gestört werden.
☐ Nehmen Sie Ihre gewohnte Meditationshaltung ein.
☐ Entspannen Sie sich.
☐ Kommen Sie in Ihre Mitte.
☐ Erbitten Sie
   a) Ihr Krafttier,
   b) Ihre Farbe,
   c) Ihren Stein
   d) oder Ihr spezielles Symbol.
☐ Achten Sie auf den ersten Eindruck, der Ihnen in den Sinn kommt. Das kann anfangs eine sehr vage Empfindung, eine blasse Farbe oder das Gefühl einer Farbe sein. Vertrauen Sie Ihrer inneren Stimme. Wenn Sie zunächst noch sehr leise ist, kann das daher kommen, daß Sie sie zulange mißachtet haben oder zu sehr mit dem Verstand geurteilt haben. Geben Sie Ihren Gefühlen und Eindrücken Raum. Mit wachsender Übung wird Ihre Intuition stärker und ihr Vertrauen wächst.
☐ Hören Sie auf Ihre innere Stimme, ob Sie zu Ihrem Symbol noch eine Botschaft bekommen.

Das empfangene Symbol können Sie nun manifestieren, indem Sie es aufzeichnen, malen, aus Pappe herstellen oder daraus einen Talisman fertigen.

Verwenden Sie es
☐ zur persönlichen Unterstützung,
☐ zur Arbeit mit Problemen,

☐ zur Zielverwirklichung,
☐ zur Deutung von Fragen
☐ und zur Bewußtseinserweiterung.

INTUITIVE ARBEIT MIT SYMBOLEN

Wenn Sie eine Frage oder ein Problem haben, können Sie über die Symbole eine intuitive Lösung finden.

☐ Formulieren Sie Ihre Frage möglichst präzise, und schreiben Sie diese auf.

☐ Kommen Sie in Ihre Mitte, und stimmen Sie sich auf die Frage ein.

☐ Legen Sie das Inhaltsverzeichnis des Buches vor sich, und spüren Sie, welches der verzeichneten Symbole sich als Antwort anbietet. Denken Sie nicht, was passen könnte, sondern spüren Sie es mit Ihrem Gefühl, hören Sie auf Ihre innere Stimme.

☐ Wenn Sie ein Symbol gewählt haben, spüren Sie sich ein, wie das Symbol zu Ihrer Frage paßt.

☐ Lesen sie die Deutung im Buch nach, und ergründen Sie so die Lösung Ihres Problems.

Je öfter Sie dies üben, desto mehr können Sie Ihre Intuition nutzen und stärken. Sie lernen die Symbole immer besser kennen und spüren, welchen Raum Symbole in Ihrem Leben einnehmen und wie sie Ihnen helfen können.

TALISMAN

WAS IST EIN TALISMAN?

Während es beim Schmuck vor allem um attraktive Steine, Design und den verschönernden Effekt geht, wird der Talisman mit der Absicht angefertigt und getragen, bestimmte Energien anzuziehen und zu binden oder gewünschte Ziele zu erreichen.

Ein Amulett soll den Träger schützen. Das kann zwar auch ein Talisman, aber er soll vor allem helfen, etwas zu erreichen. Ein Talisman wird mit Energie geladen, um einen magischen Zweck zu erfüllen.

Grundsätzlich kann fast jeder Gegenstand zu einem Talisman gemacht werden. Sowohl ein vierblättriges Kleeblatt, ein Hufeisen, eine Hasenpfote oder ein Medaillon-Anhänger können als Glücksbringer dienen.

Jedoch geht ein richtiger Talisman über diese einfachen Objekte hinaus. Der Gestaltung eines Talismans sind keine Grenzen gesetzt. Lassen Sie Ihrer Phantasie freien Lauf, und suchen Sie sich den für Sie persönlich passenden Talisman.

Ein Talisman sollte

☐ für einen bestimmten Zweck hergestellt und verwendet werden. Das kann ein allgemeines Ziel sein, zum Beispiel mehr Glück oder Erfolg zu haben, oder eine ganz konkrete Absicht beinhalten, wie eine Heilpraktikerprüfung zu bestehen.

☐ mit dem gewünschten Ziel programmiert werden, damit er die entsprechende Gedankenenergie enthält und verstärken kann. Je mehr Visualisierungen und Gedankenkräfte mit dem Talisman verbunden werden, desto wirkungsvoller wird er.

☐ in Form, Farbe, Material und Steine der Symbolik entsprechen, die zum gewünschten Ziel paßt.

☐ wenn möglich zur richtigen Zeit hergestellt werden, also in Übereinstimmung mit den vorherrschenden Planeten oder astrologischen Stellungen.

☐ Ein Ritual kann die Wirkung des Talismans noch verstärken.

Schon seit Urzeiten haben die Menschen Symbole, wie die Mutter Erde, die Sonne, den Mond, die Sterne, Wasser, Tiere (z. B. Totemtiere) und alle anderen dem Auge sichtbaren Objekte, als Talisman an Höhlenwände gemalt oder als Schmuck verwendet. Oft waren die Prozeduren und Rituale dabei sehr kompliziert. Aber man kann auch mit einfachen Mitteln einen wirkungsvollen Talisman schaffen.

Ein Talisman, den man als Schmuck trägt, ist besonders praktisch, da man ihn ständig am Körper tragen kann und dadurch laufend an sein Ziel erinnert wird. Außerdem ist der Talisman ein attraktives, schmückendes Element, das die eigene Ausstrahlung verstärkt.

Ein Talisman soll in Übereinstimmung mit der Absicht seines Trägers eine Veränderung ins Leben bringen.

Ein Talisman, der über längere Zeit verwendet wird, kann zu einer starken Energiequelle werden, da zunächst die Zielprogrammierung und dann ständig neue Gefühls- und Gedankenenergien in ihm gespeichert werden. Wichtig ist dabei, daß der Talisman für seinen Träger eine große Bedeutung hat und daß er auf seine Kraft vertraut.

Richtig hergestellt und angewendet, kann ein Talisman viel Unterstützung bieten.

CHECKLISTE ZUR HERSTELLUNG EINES TALISMANS

1. Stellen Sie sich die momentane Situation, den Ist-Zustand Ihres Problems, vor.
2. Formulieren Sie Ihr Ziel, so knapp, klar und exakt wie möglich.
3. Definieren Sie die Handlungen, Methoden und Mittel, mit denen Sie Ihr Ziel erreichen wollen.
4. Wählen Sie ein oder auch mehrere zu diesem Ziel passende Symbole. Folgende Fragen können Ihnen dabei helfen:
   ☐ Welches Metall ist von seiner Wirkung, Aussage und Symbolik am besten für diesen Zweck geeignet?
   ☐ Welcher Edelstein paßt zu diesem Ziel?

☐ Welches Symbol (Bild, geometrische Figur) verstärkt die Wirkung?

☐ Welche Zahl symbolisiert das, was ich erreichen will?

☐ Welche Farbe paßt am besten zu dem Ziel?

☐ Welches Element unterstützt die Aufgabe?

☐ Welche Beschriftung paßt dazu?

5. Arbeiten Sie ein Ritual aus, um den Talisman mit Energie zu laden. Achten Sie dabei auch auf:

☐ die richtige Zeit, indem Sie Mond- und Planetenstand berücksichtigen,

☐ die Himmelsrichtung, der Sie sich beim Ritual zuwenden,

☐ die Farben, die Sie dabei verwenden,

☐ die Musik, die das Ritual begleitet.

Konzentrieren Sie sich während der Zeremonie auf das Ziel, das Sie verwirklichen möchten, und lassen Sie dabei auch entstehende Gefühle, wie Freude, Dankbarkeit und Zuversicht, zu.

6. Tragen Sie den Talisman bei sich. Immer wenn Sie den Talisman berühren oder betrachten, entsteht die Rückverbindung zum Ritual, zu Ihrem Ziel und versorgt Sie mit der entsprechenden Information und Energie. Der Talisman verstärkt Ihre Absicht und konzentriert Ihre Kräfte auf das Ziel.

LITERATUR

Chakras

Hofmann, H./Baginski B., *Die Chakras*, Bielefeld 1993
Sharaman, S./Baginski, B., *Das Chakra-Handbuch*, Durach 1989

Edelsteine und ihre Anwendung, Heilung und Wirkung:

Beeler, L./W., *Heilkraft mir der Stein verschafft*, Buchs 1993
Bind-Klinger, Anita, *Heilung durch Harmonie*, Grafing 1992
Bonewitz, Ra, *Der Kosmos der Kristalle*, München 1987
Burka, Christa F., *Kristallenergien*, München 1987
Chocron, Daya Sarai, *Heilen mit Edelsteinen*, München 1984
Chocron, Daya Sarai, *Heilendes Herz*, Grafing 1988
Crow, William B., *Die Magie der Edelsteine*, Basel 1986
Deaver, Korra, *Die Geheimnisse des Bergkristalls*, Haldenwang 1986
Dow, Jane A., *Edelstein- und Kristalltherapie*, Interlaken 1993
Florek, Reinhard, *Heilende Edelsteine*, Durach, 1989
Franzen, S./Müller, R., *Vital und gesund durch Farben und Edelsteine*, München 1994
Gurudas, *Heilung durch die Schwingung der Edelsteinelixiere*, Bde. 1 und 2, Neuhausen 1990
Hofmann, Helmut G., *Gesundheit und Kraft durch Edelsteine*, München 1993
Hofmann, Helmut G. und Antje, *Die Botschaft der Edelsteine*, München 1988
Hofmann, Helmut G. und Antje, *Naturkosmetik mit Edelsteinen*, München 1989
Hofmann, Helmut G., *Edelsteine kurz und praktisch*, Freiburg i.Br. 1992
Hofmann, Helmut G., *Das Edelstein-Tarot*, München 1996
Hofmann, Helmut G., *Praktische Einführung in die Edelsteintherapie*, München 1998
Huber, Franz J., *Praktische Edelsteintherapie*, Kleindöttingen 1991
Katz, M. und G., *Die Hüter der Edelsteine*, Grafing 1990
Klinger-Raatz, Ursula, *Die Geheimnisse edler Steine*, Haldenwang 1986
Klinger-Raatz, Ursula, *Engel und Edelsteine*, Durach 1988
Korte, A./Hofmann, A. und H., *Orchideen, Edelsteine und ihre heilenden Energien*, Freiburg i. Br. 1992
Krämer, Dietmar, *Esoterische Therapien*, Band 1, Interlaken 1993
Laurich, Evi, *Pfeile des Lichts*, Interlaken 1989
Lopes, Elke, *Esoterische Steinheilkunde*, Bde. 1–3, Ovelgönne-Stöckhausen
Markham, Ursula, *Universelle Kräfte der Edelsteine und Kristalle*, München 1990

Morningstar, Rose, *Kristallbotschaft*, München 1990

Palmer, Magda, *Die verborgene Kraft der Kristalle und der Edelsteine*, München 1989

Rätsch, Chr./Guhr, A., *Lexikon der Zaubersteine*, Graz 1989

Raphaell, Katrina, *Wissende Kristalle*, Interlaken 1986

Raphaell, Katrina, *Heilen mit Kristallen*, München 1988

Richardson, W. und J./Huett, Lenora, *Die geistigen Heilkräfte der Edelsteine*, Grafing 1987

Schaufelberger-Landherr, E., *Die Kraft der Steine*, Bde. 1 und 2, Cham 1992–1993

Sharamon, S./Baginski, B. J., *Edelsteine und Sternzeichen*, Aitrang 1989

Siebenthal, Eliette v., *Hilf dir selbst ... mit einem Stein*, Bern 1990

Silbey, Uma, *Heilkraft der Kristalle*, München 1988

Simmons, R./Warner, K. *Moldavite: Starborne Stone of Transformation*, Heaven and Earth, P. O. Box 1641, Gloucester, Ma. 01930, USA, 1988

Sun Bear/Wabun Wind/C. Mulligan, *Das Medizinrad Praxisbuch*, München 1993

Uyldert, Mellie, *Verborgene Kräfte der Edelsteine*, München 1987

Vorreiter, Gunther, *Die Heilenergie der Edelsteine*, Baunach 1994

Wind, Wabun/Reed, Anderson, *Die Macht der heiligen Steine*, München 1988

Zahn, R., *Einkaufsführer Edelsteine*, München 1994

Astrologie und Edelsteine

Braunger G. und R., *Die Astrologie der edlen Steine*, München 1988

Klein, N./Dahlke, R., *Das senkrechte Weltbild*, München 1986

Sharamon, S./Baginski, B. J., *Edelsteine und Sternzeichen*, Aitrang 1989

Starck, Maria, *So heilt der Kosmos*, Aitring 1991

Elemente

Banzhaf, Hajo, *Der Mensch in seinen Elementen*, München 1993

Edde, Gérard, *Das Heilbuch der fünf Elemente*, St. Goar 1992

Muths, Christa, *Die 5 Elemente*, Berlin 1994

Farben

Amber, Reuben, *Farbe ist Leben*, Essen 1996

Culbert, Steven John, *The Body Language Of Colour*, Berkshire 1987

Frieling, Heinrich, *Mensch und Farbe*, Göttingen 1981

Farbe in Theorie und Praxis, Düsseldorf 1994

Gericke, A. und L., *Erlebnis Farbe*, Berlin 1994

Gimbel, Theo, *Heilen mit Farben*, Aarau 1994

Hay, Louise L., *Colors + Numbers*, Santa Monica 1987

Hulke, Waltraud M., *Das Farben Energiebuch*, Aitrang 1992

Hulke, Waltraud M., *Das Farben Heilbuch*, Aitrang 1991

Hulke, Waltraud, *Farbtherapie/Ratgeber*, München 1989

Hulke, Waltraud, *Heilen mit Farben, Bildern und Symbolen*, Berlin 1993

Jackson, Carole, *Color for Men*, Bern 1986
Kraaz von Rohr/Ingrid S., *Die Farben Deiner Seele*, München, 1993
Mandel, Peter, *40 neue Farbtherapien mit der Farbpunktur*, Bruchsal 1987
Muths, Christa, *Farbtherapie*, München 1989
Rhodes, Gerry/Thame, Sue, *Die Farben des Menschen*, München 1988
Riedel, Ingrid, *Farben*, Stuttgart 1983
Rohr, Wulfing von/I. S. K., *Die Farben Deiner Seele*, München 1991
Schlemmer, Andrèe, *Farben für Seele, Geist und Körper*, Stuttgart 1990
Schiegl, Heinz, *Color Therapie*, Freiburg i. Br. 1979
Schilling, Inge und Gerd, *Symbolsprache Farbe*, München 1996
Vollmar, Klausbernd, *Das Geheimnis der Farbe Schwarz*, Südergellersen 1988
Werner, Helmut, *Die Magie der Zauberpflanzen, Edelsteine, Duftstoffe und Farben*, München, 1993
Wilson, A./Bek, L., *Farbtherapie*, München 1989

Formen

Braem/Heil, *Die Sprache der Formen*, München 1990
Frutiger, Adrian, *Der Mensch und seine Zeichen*, Dreieich 1978
Riedel, Ingrid, *Formen*, Stuttgart 1988

Metalle

Evola, Julius, *Die Hermetische Tradition*, Interlaken 1989
Mees, L. F. C., *Lebende Metalle*, Stuttgart 1983
Uyldert, Mellie, *Verborgene Kräfte der Metalle*, München 1984

Musik

Cotte, Roger, *Die Symbolik der Musik und ihrer Instrumente*, München 1992

Numerologie

Alink, Frank, *Die Geheimnisse der Numerologie*, Aitrang 1994
Birkenbihl, Vera F., *Zahlen bestimmen Ihr Leben*, München 1977
Endres/Bender, *Numerologie – Symbolpsychologische Geburtsdatenanalyse*, Heidelberg 1986
Endres/Schimmel, *Das Mysterium der Zahl*, München 1984
Fielding, Charles, *Die praktische Kabbala*, Freiburg i. Br. 1994
Hoefler, Angelika, *Namen – das ausgesprochene Geheimnis*, Aitrang 1988
Holroyd, Stuart, *Zaubersprüche und Zahlenmagie*, Frankfurt/M. 1978
Hitchcock, H., *Selbsthilfe durch Numerologie*, Berg 1972
Javane/Bunker, *Zahlenmystik*, München 1979
Kritzinger, H.-W., *Numerologie und Partnerschaft*, Aitrang 1993
Kritzinger, H.-W., *Numerologie*, Darmstadt 1989
Line, Julia, *Arbeitsbuch der Numerologie*, München 1991

Löwenbourg, Heinz Lichem von, *Handbuch der Zahlen und Symbole*, München 1993

Mertz, Bernd A., *Das I Ging der Zahlen*, München 1990

Nossack, Bernd, *Numerologie*, München 1986

Osten, René von, *Die Pflaumenblüten Numerologie*, Aitrang 1998

Reichstein, Herbert, *Praktisches Lehrbuch der Kabbala*, Berlin 1961

Wolff, Katja, *Der Kabbalistische Spiegel*, München 1989

Zettel, Christa, *Geheimnis der Zahl*, Wien 1988

Rituale

Beck/Metrick, *The Art of Ritual*, Berkeley/Calif. 1990

Medicine Hawk/Grey Cat, *American Indian Ceremonies*, New Brunswick 1990

Runen

Blum, Ralph, *Runen*, München 1998

Spiesberger, Karl, *Runenmagie*, Berlin 1968

Zoltán, Szabo, *Das Buch der Runen*, München 1985

Symbolik

Bauer/Dümotz/Golowin, *Lexikon der Symbole*, München 1987

Benedetti/Rauchfleisch, *Welt der Symbole*, Göttingen 1988

Betz, Otto, *Elemantare Symbole*, Freiburg i. Br. 1987

Biedermann, Hans, *Knaurs Lexikon der Symbole*, München 1989

Bruce-Mitford, M., *Zeichen + Symbole*, Stuttgart 1996

Cooper, J. C., *Illustriertes Lexikon der traditionellen Symbole*, Leipzig 1986

Eberhard, Wolfram, *Lexikon chinesischer Symbole*, München 1989

Fillipetti/Trotereau, *Zauber, Riten und Symbole*, Freiburg i. Br. 1987

Fischer, Barbara, *Der Sonnenweg*, München 1989

Forstner, D., *Die Welt der christlichen Symbole*, Wien 1986

Gimbutas, Marija, *Die Sprache der Göttin*, Frankfurt 1995

Glunk, Fritz, *Das große Lexikon der Symbole*, Bindlach 1997

Heinz-Mohr, Gerd, *Lexikon der Symbole*, München 1971

Symbole, Freiburg i. Br. 1978

Jung, C. G. u. a., *Der Mensch und seine Symbole*, Freiburg i. Br. 1988

Kessler, H., *Das Offenbare Geheimnis*, Freiburg i. Br. 1977

Klein, Nicolaus/Dahlke, Ruediger, *Das Senkrechte Weltbild*, München 1986

Maturana/Varela, *Der Baum der Erkenntnis*, München 1987

Owusu, Heike, *Symbole der Indianer Nordamerikas*, Darmstadt 1997

Powell, James N., *Tao der Symbole*, München 1982

Rinpoche, Dagyab, *Buddhistische Glückssymbole*, München 1992

Rosenberg, Alfons, *Einführung in das Symbolverständnis*, Freiburg i. Br. 1984

Ryborz, Heinz, *Die helfende und heilende Kraft der Symbole*, Zürich 1990

Schwarz-Winkelhofer/Biedermann, *Das Buch der Zeichen und Symbole*, Graz 1972

Tietze,Henry, *Imagination und Symboldeutung*, Genf 1985

Walker, Barbara G., *Die geheimen Symbole der Frauen*, München 1997

Talismane

Arcarti, Kristyna, *Interpreting Signs and Symbols*, Coventry 1997

Brown, Richard S., *Ancient Astrological Gemstones + Talismans*, Bangkok 1995

González/Wippler Migene, *The Complete Book Of Amulets & Talismans*, Minnesota 1991

Hansmann/Kriss-Rettenbeck, *Amulett und Talisman*, München 1977

Knuf, Astrid und Joachim, *Amulette und Talismane*, Köln 1984

Laarß, R. H., *Das Buch der Amulette und Talismane*, München 1988

Morin, Alexander, *Die geheimen Kräfte unseres Lebens*, Hamburg 1988

Thiel, Josef u.a., *Was sind Fetische?*, Frankfurt a. M. 1986

Nelson, Felicitas H., *Talismane, Amulette*, Darmstadt 1998

Pajeon, Kala und Ketz, *Talisman Magie*, München 1994

Pajeon, Kala und Ketz, *The Talisman Magick Workbook*, New York 1993

Skelton, Robin, *The Magical Practice of Talismans*, Victoria 1985

Thea, *Magische Amulette und Talismane*, München 1998

Kurz-Biographie

Helmut G. Hofmann, geb. 1948 in Nürnberg. Diplom-Betriebs-wirt, selbständiger Kaufmann und span. Heilpraktiker (Professor der Naturheilkunde). Seit 1977 lebt er auf Teneriffa und führt dort ein Edelsteincenter. Der Autor ist Reikimeister und -lehrer und wendet Reiki und die Edelsteintherapie an. Zu diesen Themen veranstaltet er in Deutschland und Teneriffa Seminare.

Zudem entwirft und verkauft er individuelle, erlesene Schmuckstücke aus Gold und auserwählten Edelsteinen und stellt harmonisierende Edelsteinketten her.

Bücher:

Die Botschaft der Edelsteine, (mit Antje) H.Hugendubel Verl., 1988
Naturkosmetik mit Edelsteinen, (mit Antje) H. Hugendubel Verl., 1989
Orchideen und Edelsteine, (mit A. Korte und Antje) H. Bauer Verl., 1992
Gesundheit und Kraft durch Edelsteine, H. Hugendubel Verlag, 1993
Edelsteine – kurz & praktisch, Hermann Bauer Verlag, 1995
Das Edelstein-Tarot, H. Hugendubel Verl., 1996
Das Edelstein-Tarot, Urania Verlag, 1996
Edelsteintherapie, Video, Hermann Bauer Verlag, 1996
Edelstein-Meditation, Vertrieb H. Hugendubel Verl., 1996
Die Chakrakarte, Taschenkarte, (mit B. Baginski) Context Verlag, 1993
Numerologieschlüssel, Taschenkarte, Context Verlag, 1995
Der Tarotschlüssel, Taschenkarte, Context Verlag, 1995
Der Edelsteinschlüssel, Taschenkarte, Quick-Essenz-Verlag, 1996
Die Astro Card, Taschenkarte, Quick-Essenz-Verlag, 1996
Trennkost, Taschenkarte, Quick-Essenz-Verlag, 1997
Sternzeichenkarten, Taschenkarte, Urania Verlag, 1997
Praktische Einführung in die Edelsteintherapie, H. Hugendubel Verl., 1998

Informationen über Seminare, persönliche Edelstein-ketten und Steine:

Helmut G. Hofmann
Aquamarina – Oceano
E-38240 Punta del Hidalgo
Teneriffa
Fax: 0 03 49 22/38 88 66

Weitere Titel des Autors im
IRISIANA-Programm

Antje und Helmut G. Hofmann
Die Botschaft der Edelsteine
Meditation und Spiel
*62 Seiten und 52 vierfarbige Edelsteinkarten,
Paperback, komplett als Set*

Mit diesem ausführlichen Buch und den dazugehörenden 52 vierfarbigen Edelsteinkarten enthält das Set alles Notwendige und
Informative zum Erkennen und den Wirkungsweisen der Edelsteine,
zur Auswahl des persönlichen Steins, zur Meditation und als Hilfe
bei Problemlösungen.

Helmut G. Hofmann
Gesundheit und Kraft durch Edelsteine
Inspiration, Meditation, Heilung
*136 Seiten und 34 vierfarbige Edelstein- und Metallkarten,
Festeinband, komplett als Set*

Der Autor liefert einen umfassenden Erfahrungsbericht, der wohl
keinen Aspekt im Umgang mit Edelsteinen ausläßt – zusammen mit
den dazugehörigen 33 vierfarbigen Edelstein- und Metallkarten sowie
einer Mandalakarte ein wegweisender und kraftvoller Helfer bei der
bewußten Bewältigung des Alltags und eine Fundgrube für spirituell
aufgeschlossene Menschen.

IRISIANA

Helmut G. Hofmann
Das Edelstein-Tarot
Bedeutung und Wirkung von Tarotsymbolik und Edelsteinen
173 *Seiten und 78 vierfarbige Tarotkarten,*
Festeinband, komplett als Set

Mit diesem neuartigen Edelstein-Tarot kann man spielend nicht nur
Eigenschaften und Wirkungsweisen der 73 wichtigsten Edelsteine
und 5 Metalle kennenlernen, sondern auch den Alltag bewußter
gestalten, Lebenssituationen klären und die auftauchenden Steine als
unterstützende Hilfe bei Problemlösungen einsetzen.

Helmut G. Hofmann
Praktische Einführung in die Edelsteintherapie
Bedeutung, Anwendung und Wirkung der wichtigsten Steine
64 Seiten mit zahlreichen Abbildungen, Festeinband

Dieses Buch entführt uns mit einer Vielzahl von Fotos in das geheimnisvolle Reich der Edelsteine und gibt einen Überblick über die wichtigsten Steine, die praktischen Einsatzmöglichkeiten für den Alltag,
bei Gesundheitsproblemen oder auch als Schmuck. Die Steine sind
nach Farben sortiert und den Chakras und Sternzeichen zugeordnet –
eine übersichtliche und umfassende Einführung in die Edelsteintherapie für zu Hause.

IRISIANA